|뜻|이|깊|은|
속담풀이

초판 1쇄 발행 | 2011년 9월 15일
초판 1쇄 발행 | 2011년 9월 19일

기획 | 편집부
펴낸곳 | 함께북스
펴낸이 | 조완욱

등록번호 | 제1-1115호
주소 | 121-251 서울시 마포구 연남동 566-64
전화 | 02-326-3016~8
팩스 | 02-326-3460
이메일 | harmkke@hanmail.net

ISBN 978-89-7504-564-9 73690

ⓒ 2011 함께북스

무단복제와 무단전재를 금합니다.
잘못된 책은 바꾸어 드립니다

뜻이 깊은
속담풀이

기획 | 편집부

차 례

- ㄱ ······ 10
- ㄴ ······ 47
- ㄷ ······ 65
- ㅁ ······ 82
- ㅂ ······ 111
- ㅅ ······ 127
- ㅇ ······ 146
- ㅈ ······ 171
- ㅊ ······ 184
- ㅋ ······ **189**
- ㅌ ······ 193
- ㅍ ······ 196
- ㅎ ······ 200

10

🍒 가게 기둥에 입춘
🎵 전혀 어울리지 않는다는 뜻으로 우스운 모습을 빗대어 쓰는 말.

🍒 가까운 길 버리고 먼 길로 간다
🎵 편하고 빠른 방법이 있는데도 구태여 어렵고 힘든 방법을 택한다는 뜻.

🍒 가까운 이웃이 먼 친척보다 낫다
🎵 남이라도 서로 돕고 가까이 지내면

먼 곳에 있는 친척보다 주위의 이웃이 더 낫다는 말.

🍒 **가까운 제 눈썹 못 본다**

🎵 자기와 관계가 없는 다른 사람 일은 잘 알면서도 막상 자기의 일은 모르기가 쉽다는 뜻.

🍒 **가난 구제는 나라도 못 한다**

🎵 가난한 사람을 구제하는 일은 나라에서도 어려운 일이므로 한 개인의 힘으로는 매우 어렵다는 뜻.

🍒 가난뱅이 조상 안 둔 부자 없고, 부자 조상 안 둔 가난뱅이 없다

🎵 대대로 잘 사는 집안 없고, 대대로 못 사는 집안도 없듯이, 가난한 사람도 부자가 될 수 있고 부자도 가난뱅이가 될 수 있다는 말.

🍒 가난이 죄다

🎵 가난하기 때문에 하고 싶은 말도 못 하고 기가 죽어 산다는 뜻.

🍒 가난하면 마음에 도둑이 든다

🎵 몹시 가난해서 어쩔 방법이 없으면 자기도 모르게 도둑질하고 싶은 마음이 생긴다는 뜻.

🍒 가난한 집에서 효자 난다
🎵 가난한 집에서 자란 자식은 부모님이 고생한 것을 잘 알기 때문에 효자가 많이 나온다는 말.

🍒 가난한 집 제사 돌아오듯 한다
🎵 가정 형편이 어려운 가운데서도 어려운 일이 계속 생긴다는 말.

🍒 가난할 때 사귄 친구가 진정한 친구다
🎵 가난할 때 서로 돕고 아끼며 사귀었던 친구가 진정한 친구라는 뜻.

🍒 가는 날이 장날
🎵 일이 뜻밖으로 잘 된 경우와 뜻하지 않는 일을 우연하게 당했을 때 하는 말이다.

🍒 가는 떡이 커야 오는 떡도 크다
🎵 내가 남에게 잘 해준 만큼 남도 나에게 잘 해준다는 뜻.

🍒 가는 말에 채찍질한다
🎵 일을 잘 하고 있지만 더 잘 하도록 자극을 준다는 뜻.

🍒 가는 말이 고와야 오는 말이 곱다
🎵 내가 남에게 잘 해야 남도 나에게 잘한다는 뜻.

🍒 가는 정이 있어야 오는 정도 있다
🎵 내가 상대방에게 정이 가도록 대하면 상대방도 나에게 정감있게 대한다는 말.

🍒 가랑비에 옷 젖는 줄 모른다
🎵 가랑비에 옷이 조금씩 젖는 줄 모르게 젖듯이, 재산도 없어지는 줄 모르게 조금씩 줄어든다는 말.(크게 느끼지 못하는 사이에 상황이 변해 버린다는 말)

🍒 가랑잎이 솔잎더러 바스락거린다고 한다
🎵 자신의 결점은 보지 못하고 남의 허물만 흉본다는 말.

가랑잎으로 눈 가리고 아웅한다
♬ 얕은 지식이나 꾀로
다른 사람을 속이려 한다는 말.

가마솥 콩도 삶아야 먹는다
♬ 아무리 쉬운 일이라도 손을 움직여서 얻고자 하지 않으면 자기에게 이익이 돌아오지 않는다는 말.

가뭄에 콩 나듯 한다
♬ 어떤 일이 매우 드물게 생기는 경우를 말함.

가을 물은 소 발자국에 괸 물도 먹는다
♬ 가을 물은 그만큼
맑고 깨끗하다는 말.

🍒 가을비는 떡비

🎵 추수하여 곡식이 넉넉한 집안은 가을비가 오면 집에서 떡이나 해 먹고 지낸다는 말.

🍒 가자니 태산이요, 돌아서자니 쑹산이라

🎵 앞으로 가지도 못 하고 뒤로 돌아갈 수도 없는 난처한 지경에 빠졌다는 말.

*쑹산-중국의 큰 산

🍒 가재는 게 편이라

🎵 서로 생김새가 비슷한 것은 같이 어울린다는 말로 비슷한 사람끼리 서로 친하게 지내며 어울린다는 말.

🍒 가지 많은 나무에 바람 잘 날 없다
🎵 자식을 많이 둔 부모는 앉으나 서나
  자식 근심으로 마음 편할 날이 없다
  는 말.

🍒 간에 가 붙고 쓸개에 가 붙는다
🎵 자기에게 이익이 된다면
  줏대없이 아무 데나 돌아다니며
  떠들어댄다는 말.

🍒 감기 고뿔도 남 안 준다
🎵 몸에 해로운 감기마저 아까워서
  남을 안 줄 정도로
  몹시 인색한 구두쇠를 말함.

🍒 갑갑한 놈이 송사한다
🎵 아쉬운 사람이 답답한 마음에 먼저

행동한다는 말.

🍒 값도 모르고 싸다 한다
🎵 사정도 잘 모르고 이러쿵 저러쿵
물건값에 흥정을 붙인다는 말.

🍒 값 싼 것이 비지떡
🎵 값싼 물건치고
좋은 물건이 없다는 뜻.

🍒 강물도 쓰면 준다
🎵 아무리 많은 물건이라도
함부로 낭비하면 줄어든다는 뜻.

🍒 강태공이 세월 낚듯 한다
🎵 일을 아주 느리고 천천히
여유롭게 한다는 말.

🍒 같은 값이면 다홍치마
🎵 같은 값으로 물건을 사더라도
이왕이면 보기 좋고 품질도
좋은 것을 고른다는 말.

🍒 같이 우물 파 놓고 혼자 먹는다
🎵 여러 사람이 공동으로
노력하였는데 그 이익은
혼자서 차지한다는 말.

🍒 개가 똥을 마다 한다
🎵 평소에는 좋아하던 것을
갑자기 거절할 때 하는 말.

🍒 개같이 벌어서 정승같이 쓴다
🎵 돈을 벌 때는 천한 일 궂은 일

을 가리지 말고 열심히 하고, 돈을 쓸 때는 보람 있게 쓰라는 말.

🍒 개구리도 옴츠러야 뛴다

🎵 개구리도 뛰기 전에는
움츠리는 준비를 하듯이,
아무리 급한 일이라도
준비할 틈이 있어야 한다는 말.

🍒 개구리 올챙이 적 생각 못 한다

🎵 사람들은 지위가 높아지거나 돈이 많아지면 가난하고 어려웠던 시절은 잊어버리게 된다는 말.

🍒 개 눈에는 똥만 보인다
🎵 어떤 것을 좋아하거나 관심을 갖게 되면 모든 것이 그것과 같이 보임을 빈정거리는 말.

🍒 개도 나갈 구멍을 주고 쫓아라
🎵 사람을 궁지에 몰더라도 그 사람이 피할 수 있는 틈을 주어야 한다는 말.

🍒 개도 먹을 때는 안 때린다
🎵 맛있게 음식을 먹고 있는 사람을 건드리면 안 된다는 말.

🍒 개도 주인을 알아본다
🎵 은혜를 모르는 사람을 두고 하는 말

로, 주인을 알아보며 반가워하는 동물인 개에 비유한 말.

🍒 개똥도 약에 쓰려면 없다
🎵 개똥처럼 흔한 것도 막상 필요할 때 쓰려고 찾으면 구하기 힘들다는 말.

🍒 개똥 밭에 굴러도 이승이 좋다
🎵 세상살이가 아무리 괴롭더라도 죽는 것보다는 살아 있는 것이 더 좋다는 말.

🍒 개미 구멍으로 공든 탑 무너진다
🎵 작은 실수로 인하여 큰 손해를 보게 된다는 말.

🍒 개미 금탑 모으듯 한다
🎵 부지런히 일하여 푼푼이 모으면
조금씩 재산이 모인다는 말.

🍒 개밥에 도토리다
🎵 사람들과 어울리지 못하고 따돌림
을 당하는 외톨이 신세를 뜻하는 말.

🍒 개팔자가 상팔자
🎵 놀고 먹는 개의 여유로움에 비해
바쁘게 일하며 살아가는
힘겨운 사람의 처지를
비유하여 한탄하는 말.

🍒 개장수도 올가미가 있어야 한다
🎵 어떤 일을 하려면 그에 필요한
준비 도구가 있어야 한다는 말.

🍒 개 주자니 아깝고 저 먹자니 싫다
🎵 자신에게는 필요 없는 것이라도
남을 주기는 아까워하는 것을 말함.

🍒 개천에서 용 났다
🎵 보잘 것 없는 집안에서
훌륭한 사람이 나왔을 때 하는 말.

🍒 깨어진 그릇 맞추기다
🎵 한번의 실수로 잘못된 일을
원상복구하려고 노력하지만
헛수고라는 말.

🍒 객지 생활 삼 년에 골이 빈다
🎵 고향을 떠나 타향살이를 하다 보면
아무리 이웃이 잘해 주어도 몸과 마음은 고생이라는 말.

🍒 거미는 작아도 줄만 잘 친다
🎵 생김새는 작더라도
자기 할 일은 다 한다는 말.

🍒 거미도 줄을 쳐야 벌레를 잡는다
🎵 무슨 일이든지 준비가 잘 되어 있으면 좋은 결실을 맺는다는 말.

🍒 거지도 손 볼 날이 있다
🎵 가난하게 살더라도 손님이 올 때가 있으니 깨끗한 옷 한 벌 정도는 마련해 두어야 한다는 말.

🍒 걱정도 팔자
🎵 자기에게는 아무 필요 없는
남의 걱정까지 할 때 핀잔 주는 말.

🍒 걷기도 전에 뛰려고 한다
🎵 쉬운 일도 잘 하지 못하면서
어려운 일을 붙잡고 하려는 사람을
뜻하는 말로 무슨 일이든지
단계를 밟아서 차근차근
해 나가야 한다는 말.

🍒 게 눈 감추듯 한다
🎵 눈 깜짝할 사이에
음식을 먹어치운다는 말.

🍒 게으른 선비 책장 넘기기
🎵 앉아서 책장은 넘기지만 마음은
딴 생각으로 가득 차 있다는 말.

🍒 겨울이 지나지 않고 봄이 오랴
🎵 세상은 순리가 있는 법인데
아무리 급해도 일의 순서를
무시할 수 없다는 말.

🍒 계란에도 뼈가 있다
🎵 한없이 좋은 사람도
성질이 있다는 말.

🍒 계집 바뀐 건 모르고 젓가락짝 바뀐 건 안다
🎵 큰 변화는 모르고 지내면서
작은 변화에는 민감하다는 말.

🍒 고기는 씹어야 맛이요, 말은 해야 맛이라.

🎵 고기의 참맛은 씹어야 나듯
할 말은 시원하게 해야 한다는 말.

🍒 **고기도 먹어본 사람이
더 잘 먹는다**
🎵 무슨 일이든지 항상 하던 사람이
능숙하게 잘 한다는 말.

🍒 **고기도 저 놀던 물이 좋다**
🎵 낯익은 곳이 좋다는 말.
살던 곳이 마음이 편하다는 말.

🍒 **고래 싸움에 새우 등 터진다**
🎵 강한 자 싸움에 괜히 상관없는
약한 자가 피해 본다는 말.

🍒 고름이 살 되랴
🎵 이미 잘못된 일은 돌이킬 수 없으니 빨리 단념하라는 말.

🍒 고생 끝에 낙이 온다
🎵 어렵고 힘든 일을 겪고 나면 반드시 즐겁고 행복한 날도 찾아온다는 말.

🍒 고슴도치도 제 새끼는 예쁘다고 한다
🎵 털이 솟은 고슴도치도 제 새끼를 예뻐하는데 하물며 사람인 부모가 제 자식을 사랑하지 않겠느냐는 말.

🍒 고양이보고 반찬 가게 지키라 한다

🎵 믿을 수 없는 사람에게 재물을 맡기든지 일을 부탁하면 당연히 손해를 보게 된다는 말.

🍒 고양이 세수하듯 한다

🎵 세수를 하되 코에 물을 묻히는 정도로 대충 한다는 말.

🍒 고양이 앞에 쥐
🎵 자기보다 힘센 사람 앞에서는 꼼짝도 못한다는 말.

🍒 고양이 쥐 생각한다
🎵 당치 않게 누구를 생각하는 척할 때 쓰는 말.

🍒 고운 사람은 울어도 곱고, 미운 사람은 웃어도 밉다
🎵 사람을 한 번 좋게 보면 그 사람 하는 일이 모두 좋게 보이고, 한 번 밉게 보면 무엇이나 다 밉게만 보인다는 말.

🍒 곡식은 익을수록 고개를 숙인다
🎵 곡식의 이삭이 잘 익으면 고개를 숙이듯이 훌륭한 사람일수록 교만하지 않고 겸손하다는 말.

🍒 곧은 나무에도 굽은 가지가 있다
🎵 아무리 완벽한 사람일지라도 인간인 이상 어딘가 결함이 있을 수 있다는 말.

🍒 곤장 메고 매 맞으러 간다
🎵 스스로 화를 자초한다는 말.

🍒 공것이라면 양잿물도 마신다
🎵 공짜를 좋아하는 사람은 무엇이든 가리지 않고 닥치는 대로 가지려 한다는 말.

🍒 공든 탑이 무너지랴
🎵 정성 들여 한 일은 쉽게
  무너지지 않는다는 말.

🍒 공자 앞에서 문자 쓴다
🎵 공자는 중국의 위대한 성인이었다.
  그런 성인 앞에서 감히 아는 척하면서 잘난 체한다는 말.

🍒 곶감 빼 먹듯 한다
🎵 힘들여 저축한 것을
  한 푼 두 푼 써서 없앤다는 말.

🍒 곯아도 젓국이 좋고, 늙어도 영감이 좋다
🎵 오래 된 젓국일수록 맛이 있듯이

사람 또한 늙을수록 제 곁에 있는
남편이 최고라는 말.

🍒 과부 설움은 홀아비가 안다
🎵 비슷한 입장이 되어야
그 사람의 처지를
이해할 수 있다는 말.

🍒 과일전 망신은 모과가 다 시킨다
🎵 못난 것이 동료 망신시키는
행동만 골라 한다는 말.

🍒 구관이 명관이다
🎵 오랜 경험을 쌓은 사람이 낫다는 뜻과 사람은 언제나 지나간 것을 좋아한다는 뜻이 있음.

🍒 구더기 무서워서 장 못 담글까

🎵 마땅히 할 일이라면
방해하는 사람이 있더라도
꼭 해야 한다는 말.

🍒 구렁이 담 넘어 가듯 한다

🎵 일을 깔끔하게 처리하지 않고
슬그머니 넘겨 버린다는 뜻.

🍒 구슬이 서말이라도 꿰어야 보배
🎵 아무리 좋은 것이라도 쓸모 있게
  만들어 놓아야 값어치가 있다는 말.

🍒 국수 잘 하는 솜씨가 수제비 못 할까
🎵 문제 없이 어려운 일을 잘 해 냈던
  사람은 웬만한 일은 충분히 할 수 있
  다는 말

🍒 굳은 땅에 물 고인다
🎵 아껴 쓰고 절약하면
  재산이 모인다는 말.

🍒 굴에 든 뱀 길이를 모른다
🎵 겉만 보고 사람의 숨은 능력이나
  재능은 알 수 없다는 말.

굶기를 밥 먹듯 한다
♪ 너무 가난하여 굶는 일이 자주 있다라는 말.

굶어 보아야 세상을 안다
♪ 실제로 배가 고파 고생을 해 본 사람은 세상살이가 얼마나 어려운가를 안다는 말.

굼벵이도 구르는 재주가 있다
♪ 하찮은 존재라도 저마다 잘하는 재주와 특기가 있다는 말.

굽은 나무가 선산을 지킨다
♪ 하잘것 없을 것 같은 물건이라도 나중에 소용이 있다는 뜻.

🍒 굿이나 보고 떡이나 먹는다
🎵 남의 일에 참견하지 않고 가만히 있다가 이득이나 얻겠다는 말.

🍒 궁둥이에서 비파 소리가 난다
🎵 무척 바쁘게 싸돌아다닌다는 말.

🍒 궁하면 통한다
🎵 어려움에 처하게 되면 어떻게 해서든지 해결할 방법이 생긴다는 말.

🍒 궁지에 몰린 쥐가 고양이를 문다
🎵 아무리 약한 것이라도 죽을 지경에 이르면 강적에게 맞선다는 말.

🍒 귀머거리 삼 년이요, 벙어리 삼 년이라
🎵 시집살이가 매우 어렵다는 것을 비유하는 말.

🍒 귀신이 곡할 노릇이다
🎵 이해가 되지 않는 일을 당했을 때 하는 말.

🍒 귀신도 빌면 듣는다
🎵 잘못을 간절하게 빌면 그 뜻을 알고 용서한다는 말.

🍒 귀 장사 하지 말고 눈 장사 하라
🎵 소문만 듣고 믿지 말고 실제로 눈으로 보고 확인하라는 말.

🍒 귀에 걸면 귀고리, 코에 걸면 코고리
🎵 어떤 원칙이 있는 것이 아니라
이렇게도 되고 저렇게도 된다는 말.

🍒 귀한 자식 매 한 대 더 때리고, 미운 자식 떡 한 개 더 준다
🎵 올바른 자식 교육은
뜻을 맞추어 주는 것이 아니라,
버릇을 잘 가르치는 것이라는 말.

🍒 그 아비에 그 아들
🎵 잘난 부모 밑에서는
똑똑한 자녀들이 나오고
못난 부모 밑에서는
못난 자녀가 나온다는 말.

🍒 극락길을 버리고 지옥길로 간다
🎵 좋은 일을 마다하고,
나쁜 일을 선택한다는 말.

🍒 긁어 부스럼 만든다
🎵 공연히 일을 만들어
근심을 자초한다는 말.

🍒 끈 떨어진 뒤웅박
🎵 전혀 의지할 곳이 없는
처량한 신세를 말함.

🍒 금강산도 식후경이다
🎵 아무리 즐겁고 좋은 일이라도
배가 고프면 흥이 나지 않는다는 말.
즉, 배가 불러야 좋은 경치를 감상할
수 있는 여유도 생긴다는 말.

🍒 급하기는 우물 가 숭늉 달라겠다
🎵 일의 순서를 생각지 못하고
서두르기만 한다는 뜻.

🍒 급히 먹는 밥이 목이 멘다
🎵 급하게 서두르다 보면
일을 낭패하기 쉽다는 말.

🍒 기는 놈 위에 나는 놈 있다
🎵 잘하는 사람 위에
더 잘하는 사람이 있다는 말.

🍒 기운이 세면 소가 왕노릇 할까
🎵 힘이 세다 해도 지혜가 없으면
남을 지도하는 위치에 설 수 없다는
말.

🍒 기와 한 장 아끼려다가 대들보까지 썩힌다
> 🎵 작은 것을 아끼려다가
> 큰 손해를 보게 된다는 말.

🍒 긴 병에 효자 없다
> 🎵 효성이 지극한 자식이라도
> 오랫동안 병간호를 하다보면
> 정성이 한결같지 못하다는 말.

🍒 길고 짧은 것은 대어 보아야 안다
> 🎵 사람을 앞에 놓고
> 편견이나 선입관을 갖지 말고,
> 결과를 보고 판단하라는 말.

🍒 길이 아니면 가지를 말고, 말이 아니면 하지를 말라
🎵 언행을 소홀히 하지 말고,
옳은 일이 아니면 하지 말라.

🍒 길로 가라니까 산으로 간다
🎵 이익이 되는 방법을 가르쳐 주어도 자기 고집만 부리고 손해를 보는 일을 한다는 말.

🍒 까마귀 날자 배 떨어진다
🎵 아무 관계 없던 일이
공교롭게 동시에 일어나서
의심을 받게 된다는 말.

🍒 꼬리가 길면 밟힌다
🎵 나쁜 일을 오래하면 결국 들킨다.

🍒 꿩 대신 닭이다
🎵 적당한 것이 없으면
그와 비슷한 것으로 대신한다는 말.

🍒 꿩 먹고 알 먹는다
🎵 한 가지 일을 하고서
두 가지 이익을 볼 때 하는 말.

🍒 나 먹자니 싫고 남 주자니 아깝다
🎵 자기가 싫은 것도 남에게 주기는
  아까워하는 인색함을 이르는 말.

🍒 나 못 먹을 밥이라고 재 뿌린다
🎵 자기가 가지지 못할 바에야
  남도 못 가지게 망쳐 버리는
  심술 사나움을 이르는 말.

🍒 **나무는 큰 나무 덕을 못 봐도 사람은 큰 사람 덕을 본다**
  🎵 훌륭한 사람 옆에 있으면 그 사람의 도움을 받게 된다는 말.

🍒 **나무에 오르라 하고 흔드는 격이다**
  🎵 나무에 올라가라고 부추겨 놓고 떨어지라고 흔든다는 말. 즉 달콤한 말로 사람을 꾀어 불행한 처지로 몰아넣을 때 쓰는 말.

🍒 **나무도 쓸 만한 것 먼저 벤다**
  🎵 유능한 사람이 일찍 죽는 것을 비유한 말.

🍒 **나무에 잘 오르는 놈은
나무에서 떨어지고,
헤엄 잘 치는 놈은
물에 빠져 죽는다**
　🎵 사람은 흔히 자기가 가지고 있는
　　재주를 너무 믿다가
　　실수하게 된다는 말.

🍒 **나쁜 사람을 가까이하면
착한 사람이 멀어진다**
　🎵 나쁜 사람을 가까이하면 착한 사람
　　은 자기에게서 멀어져 나간다는 말.

🍒 **나쁜 소문은 빨리 퍼진다**
　🎵 남을 칭찬하는 말보다는 헐뜯고 흉보
　　는 말을 더 많이 하게 됨을 뜻하는 말.

🍒 나중 보자는 사람치고 무서운 사람 없다
🎵 제때에 화풀이를 하지 않고 두고 보자는 사람은 무서워 할 것이 없다는 말.

🍒 낙숫물이 댓돌 뚫는다
🎵 꾸준히 노력하면 아무리 힘든 일이라도 성공할 수 있다는 말.

🍒 날 잡은 놈이 자루 잡은 놈을 당하랴
🎵 칼날 잡은 사람이 칼 자루 잡은 사람을 당할 수 없듯이, 좋지 않은 처지에 있는 사람이 좋은 처지에 있는 사람을 이기기는 어렵다는 뜻.

🍒 남대문 본 놈과 안 본 놈이 다투면, 안 본 놈이 이긴다
🎵 옳고 그른 것을 가리는 것이 아니라, 우겨대며 밀어붙이는 사람이 이긴다는 뜻.

🍒 남아 일언 중천금이다
🎵 사내의 말 한 마디는 천금같이 무겁다는 뜻이니, 말을 했으면 실천에 옮기라는 뜻.

🍒 남에게 줄 것은 없어도, 도둑 줄 것은 있다
🎵 가난하여 남에게 줄 것은 없어도 도둑이 훔쳐갈 물건은 있다는 뜻.

🍒 남의 눈에 눈물 내면 내 눈에 피가 난다
> 🎵 남을 해치게 되면 나는 그보다 더 큰 피해를 입게 된다는 말.

🍒 남의 돈 천 냥이 내 돈 한 푼만 못하다
> 🎵 남의 것은 아무리 많아도 나와는 상관 없는 것이니, 적어도 내 것이 더 소중하다는 뜻.

🍒 남의 등은 봐도 제 등은 못 본다
> 🎵 남의 잘못은 볼 수 있어도 자기의 잘못을 보기는 어렵다는 뜻.

🍒 남의 떡이 커 보인다

🎵 내가 가지고 있는 것보다
남이 가지고 있는 것이
좋아 보인다는 말.

🍒 남의 말 내가 하면, 남도 내 말 한다

🎵 내가 남의 흉을 보면,
남도 나의 흉을 본다는 말.

🍒 남의 말이라면 쌍지팡이 짚고 나선다

🎵 남의 말이라면 자신과는
별 상관이 없으면서도
열심히 참견을 한다는 말.

🍒 **남의 머리는 깎아도
제 머리는 못 깎는다**
  🎵 남을 도와 줄 수는 있지만,
    자기의 일은 스스로
    못하는 것도 있다는 뜻.

🍒 **남의 밥을 먹어 봐야
부모 은덕 안다**
  🎵 집을 떠나 객지에 가서
    고생을 해 봐야
    부모의 고마움을 알 수 있다는 뜻.

🍒 **남의 집 금송아지가
우리 집 송아지만 못 하다**
  🎵 남의 집 좋은 물건보다 하찮은 것이
    라도 내 물건이 더 실속 있다는 말.

🍒 남의 집 제사에 감 놓아라 배 놓아라 한다
🎵 남이 하는 일에 쓸데없이 이러쿵저러쿵 참견하기 좋아하는 사람을 말함.

🍒 남의 제사에 절하기
🎵 관계 없는 일에 참여한다는 말.

🍒 남 잡으려다 자기 잡는다
🎵 남을 해치려다 도리어 자기가 당하게 된다는 말.

🍒 낫 놓고 기역자도 모른다
🎵 기역자 모양의 낫을 놓고도 기역자를 모른다고 하는 무식한 사람을 빗대는 말.

🍒 낮 말은 새가 듣고 밤 말은 쥐가 듣는다
🎵 비밀스럽게 한 말도 남의 귀에 들어가니 항상 말조심해야 한다는 뜻.

🍒 낮은 땅에 물이 괸다
🎵 자기 자신을 낮추고 겸손해야 사람들이 가까이 한다는 말.

🍒 내가 중이 되고 나니 고기가 천하다
🎵 무엇이 필요하여 애써 구할 때는 몹시 귀하다가 그 물건이 필요 없게 되니까 갑자기 흔하게 되었다는 말.

🍒 내가 할 말을 사돈이 한다
🎵 자기가 할 말을 남이 먼저 한다는 말.

🍒 내 딸이 고와야 사위도 고른다
🎵 자기의 조건이 좋아야
남의 것도 자유롭게
선택할 수 있다는 말.

🍒 내리사랑은 있어도 치사랑은 없다
🎵 윗사람이 아랫사람에게
베푸는 일은 있어도
아랫사람이 윗사람에게
베푸는 일은 없다는 말.

🍒 내 발등의 불을 꺼야 아비 발등의 불을 끈다
🎵 급할 때는 아무리 가까운 사이라도
자기 일부터 먼저 하게 된다는 말.

🍒 내일은 해가 서쪽에서 뜨겠다
🎵 말썽만 부리던 사람이
갑자기 착한 일을 할 때 쓰는 말.

🍒 내 코가 석 자다
🎵 내 사정이 급해서
남을 돌볼 여유가 없다는 말.

🍒 너무 고르다가 눈 먼 사위 얻는다
🎵 너무 지나치게 고르다 보면
도리어 나쁜 것을 얻게 된다는 말.

🍒 넘어진 김에 쉬어 간다
🎵 잘못된 경우를 오히려 좋은 기회로
삼아 자기가 하려던 일을 한다는 뜻.

🍒 노루를 피하니 범이 나온다
🎵 갈수록 일이 점점 어렵게 꼬여 해결하기 어렵다는 말.

🍒 노인 말 그른 데 없다
🎵 노인들은 이미 많은 일들을 경험하여 많은 교훈을 얻었기 때문에, 사리에 어긋나는 말은 하지 않는다는 뜻.

🍒 노처녀가 시집을 가려니 등창이 난다
🎵 오랫동안 벼르던 일이 막상 성사되려고 하니 뜻하지 않게 비용이 든다는 말.

🍒 높은 나무에는 바람이 세다
🎵 지위가 높으면 높을수록 시기하는 사람이 많아진다는 뜻.

🍒 놓아 먹인 망아지 같다
🎵 가정 교육을 제대로 받지 못해서
버릇없이 제멋대로 행동한다는 뜻.

🍒 놓친 고기가 더 크다
🎵 지나간 일이 더 좋다고 생각될 때
안타까움을 표현한 말.

🍒 누울 자리 보아 가며 발 뻗는다
🎵 무슨 일이든지 앞으로 어떻게 될지
예상을 하면서 일을 시작해야 한다
는 말.

🍒 누워서 침 뱉기
🎵 남을 해치려 하다가
오히려 자기에게 해가 돌아올 때
쓰는 말.

🍒 누이 좋고 매부 좋다
🎵 어떤 일로 인해 양쪽 모두에
이득이 될 때를 이르는 말.

🍒 눈 가리고 아웅한다
🎵 얕은 수로 남을 속이려 한다는 말.

🍒 눈 감으면 코 베어 가는 세상
🎵 세상 인심이 험악하여
누구도 믿지 못한다는 말.

🍒 눈 뜨고 도둑 맞는다
🎵 번연히 속는 줄 알면서도
어쩔 수 없는 상황 때문에
손해를 본다는 말.

🍒 눈 뜬 장님이다
🎵 글자를 모르는 사람, 또는 좋은 물건을 보고도 알지 못하는 사람을 이르는 말.

🍒 눈 먼 놈이 앞장 선다
🎵 못난이가 앞장 서서
남보다 먼저 나선다는 말.

🍒 눈 먼 소경더러 눈 멀었다 하면 성낸다
🎵 누구나 제 잘못이나 결점을 말하면 싫어한다는 말.

🍒 눈엣가시
🎵 몹시 미운 사람을 일컫는 말.

🍒 눈치가 빠르면 절에 가서도 새우젓 얻어 먹는다
🎵 눈치가 빠르면 어디를 가더라도 배고픈 생활은 하지 않는다는 말.

🍒 느는 줄은 몰라도 나는 줄은 안다
🎵 늘어나는 것은 표시가 안 나도 줄어드는 것은 표시가 난다.

🍒 늙으면 아이 된다
🎵 나이가 들면 말과 행동이 어린아이처럼 된다는 말.

🍒 늙은이치고 젊어서 호랑이 한 마리 안 잡은 사람 없다
🎵 늙으면 누구나 부풀려서 젊은 시절을 자랑하게 된다는 말

🍒 늦게 배운 도둑 날 새는 줄 모른다

🎵 늦게 시작한 일에 재미를 붙이면 몹시 열중한다는 뜻

🍒 늦잠은 가난 잠이다

🎵 아침에 일찍 일어나지 않고 늦게 자는 버릇이 있으면 게을러서 가난하게 된다는 뜻.

🍒 다니던 길은 믿는다
♪ 무슨 일이든 경험이 있는 것에는 자신감이 생긴다는 말.

🍒 다 된 죽에 코 빠뜨린다
♪ 다 잘 된 일을 실수를 하여 그르쳐 놓았다는 말.

🍒 다람쥐 쳇바퀴 돌 듯
🎵 똑같은 일을 반복하지만
결말이 없음을 이르는 말.

🍒 단단한 땅에 물이 고인다
🎵 아끼고 쓰지 않는 사람에게
돈이 모인다는 뜻

🍒 단말은 병이 되고 쓴말은 약이 된다
🎵 듣기 좋게 하는 말 가운데는 아부하거나 거짓으로 기분 좋게 하는 말이 많으니 조심해야 하고, 듣기 싫은 말 가운데는 충고하는 말이 많으니 받아들여야 한다.

🍒 달걀로 바위치기다
🎵 약한 힘으로 강한 것을
꺾으려는 어리석음을 비유한 말.

🍒 달도 차면 기운다
🎵 모든 것은 한 번 번성하고 나면
쇠퇴한다는 말.

🍒 달면 삼키고 쓰면 뱉는다
🎵 서로의 믿음을 생각하지 않고 자기에게 이로우면 가깝게 사귀고, 필요하지 않으면 멀리한다는 말.

🍒 달 보고 짖는 개
🎵 남의 일에 쓸데 없이
참견하는 것을 두고 이르는 말.

🍒 더위 먹은 소 달만 보아도 헐떡인다
🎵 한 번 어떤 일에 혼이 나면 늘 겁을 먹고 의심을 가지게 된다는 뜻.

🍒 닭 소 보듯, 소 닭 보듯 한다
🎵 서로 상대방을 무관심하게 바라본다는 말.

🍒 닭 쫓던 개 지붕만 쳐다 본다
🎵 애써 하던 일이 실패하여 남의 손에 넘어가 버려서 어쩔 수 없는 상태라는 말.

🍒 당장 먹기에 곶감이 달다
  🎵 우선 먹기에 달고 좋지만
  이로울 것은 못 된다는 말.

🍒 땅 짚고 헤엄치기
  🎵 매우 쉬운 일이라서 안전하고 확실
  하며 틀림이 없다는 말.

🍒 대감 죽은 데는 안 가도
대감 집 개 죽은 데는 간다
  🎵 자기 이익만 챙기는
  세상의 인심이 야박하다는 말.

🍒 대문 밖이 저승이라
  🎵 사람은 언제 죽을지 아무도 모르기
  때문에 열심히 살라는 말.

🍒 떡 본 김에 제사 지낸다
🎵 하고자 하던 일을 미루어 왔는데
마침 기회가 닿아서 해치운다는 말.

🍒 떡 줄 사람은 생각도 않는데 김칫국부터 마신다
🎵 일을 해 줄 사람은 생각지도 않는데
미리 넘겨 짚고 생각한다는 말.

🍒 따 놓은 당상이다
🎵 이미 결정된 일이니
염려하지 말라는 말.

🍒 도깨비 장난 같다
🎵 어떤 영문인지 몹시 정신이
얼떨떨하다는 말.

🍒 도끼가 제 자루 못 찍는다
🎵 자기 허물을 스스로 알아서
고치기는 어렵다는 말.

🍒 도끼날은 갈아 써도 사람은 죽으면 그만
🎵 물건은 다시 고쳐 쓸 수 있지만
사람의 생명은 한번 끊어지면
끝이라는 말

🍒 도끼로 제 발등 찍는다
🎵 남을 해치려다
오히려 자기가 해를 입게 된다는 말.

🍒 도둑 맞고 사립문 고친다
🎵 미리 대비하지 않고, 일을 당하고 난
뒤에야 대책을 세운다는 말.

도둑이 제 발 저리다
♪ 죄를 지으면 불안하여 스스로 그것을 감추려고 애쓰게 된다.

도둑질도 손발이 맞아야 한다
♪ 일을 할 때 서로 마음이 맞아야 일을 쉽게 처리할 수 있다는 말.

도둑을 맞으면 어미 품도 들춰 본다
♪ 물건을 잃게 되면 모두가 의심스럽게 생각된다는 말.

도둑을 맞으려면 개도 안 짖는다
♪ 뜻밖에 손해를 당하려면 공교롭게도 일이 꼬인다는 말.

- 도둑질을 한 사람은
  다리 오므리고 자도,
  도둑 맞은 사람은 다리 펴고 잔다
  - ♬ 남에게 피해를 주고 나면 늘 불안하여 마음 편할 날이 없다는 말.

- 도마 위에 오른 고기
  - ♬ 꼼짝할 수 없는
    위험한 지경에 처했다는 말.

- 독 깨질까 쥐를 못 잡는다
  - ♬ 처리할 일이 있으나 그 때문에 다른 일까지 잘못 될까 염려스러워 못 한다는 말.

- 돈만 있으면 귀신도 부린다
  - ♬ 돈만 있으면 못할 일이 없다는 말.

🍒 **돌다리도 두들겨 보고 건너라**
　🎵 잘 아는 길이라도
　　다시 한 번 물어서 확인하고
　　가라는 말.

🍒 **돌도 10년을 보고 있으면
구멍이 뚫린다**
　🎵 무슨 일이나 꾸준히 노력하면
　　안 되는 일이 없다는 말.

🍒 **돌로 치면 돌로 받고
떡으로 치면 떡으로 받는다**
　🎵 원수는 원수로, 은혜는 은혜로
　　갚는다는 말.

🍒 **돌을 차면 제 발 부리만 아프다**

♪ 화난다고 아무 곳에서나
화풀이하면 자기만 손해라는 말.

🍒 **돌절구도 밑 빠질 날이 있다**
♪ 아무리 단단한 것일지라도
부서질 때가 있다는 말.

🍒 **동냥은 아니 주고 쪽박만 깬다**
♪ 들어 달라는 요구는 안 들어 주고
도리어 방해만 놓는다는 말.

🍒 **되는 집안은
가지나무에 수박 열린다**
♪ 하는 일마다 매사 잘 풀려
행운이 따르는 가정을 말함

🍒 되로 주고 말로 받는다
🎵 남에게 조금 피해 주고
도리어 큰 앙갚음을
당하게 된다는 말.

🍒 될성 부른 나무는 떡잎부터 알 수 있다
🎵 장래에 큰 인물이 될 사람은 어렸을
적부터 행동이 눈에 띈다는 말.

🍒 두부 먹다 이 빠진다
🎵 마음 놓고 있다가
오히려 봉변을 당한다는 말.

🍒 두 손에 떡이다
🎵 두 가지 일 중에서 어느 것을 먼저
해야 될지 모르겠다는 말.

🍒 두 손뼉도 마주 쳐야 소리가 난다
🎵 혼자서 하기는 어렵다는 말로,
무엇이고 상대가 있어야 한다는 말.

🍒 뚝배기보다 장맛이다
🎵 겉은 보잘것 없고 부족하지만
속이 알차다는 말.

🍒 둔한 말이 열 수레를 끈다
🎵 능력이 부족한 사람도
열심히 노력하면
훌륭한 사람이 될 수 있다는 말.

🍒 등잔 밑이 어둡다
🎵 자기 주위를 먼저 잘 살피라는 말.

🍒 등 시린 절 받기 싫다
🎵 자기가 푸대접한 사람에게 의외로 후한 대접을 받는 것은 썩 기분 좋은 일은 아니라는 말

🍒 동네 북이다
🎵 가는 곳마다 사람한테 놀림을 받고 괴로움을 당하는 사람을 일컫는 말.

🍒 동네 송아지는 커도 송아지다
🎵 늘 함께 있으면 변하는 모습조차 알아보기 힘들다는 말.

🍒 동네 처녀 믿고 있다가 장가 못 간다
🎵 남을 너무 믿고 있다가 낭패할 수 있다는 말.

🍒 동무 따라 강남 간다
🎵 마음 내키지 않는 곳을 친구의 요청 때문에 덩달아 하게 된다는 말.

🍒 동무 사나워 뺨 맞는다
🎵 나쁜 친구를 사귀면
그 행동에 대한 책임은
공동임으로 억울한 누명을
쓸 수 있다는 말.

🍒 똥이 무서워서 피하나 더러워서 피하지
🎵 뜻이 맞지 않는 사람을 피하는 것은 그가 무서워서가 아니라 상대할 만한 가치가 없어 피한다는 뜻.

🍒 똥 묻은 개가
겨 묻은 개 나무란다
🎵 자신에게 더 큰 결점이 있으면서
남의 작은 허물을 비웃는다는 말

🍒 똥벌레가 제 몸 더러운 줄 모른다
🎵 자기 자신의 추함이나 결점을
모른다는 말.

🍒 똥 싼 놈이 성낸다
🎵 잘못은 자기가 저질러 놓고
오히려 남에게 성을 낸다는 말.

🍒 딸이 셋이면 문 열어 놓고 잔다
🎵 딸 부잣집에서 혼인을 치르고 나면
비용이 많이 들어 가산이 다 없어진
다는 말.

뛰는 놈 위에 나는 놈 있다

♬ 제아무리 잘났다 해도 그보다 더 잘난 사람이 있을 수 있으므로 자만심을 버리라는 말.

🍒 마누라 자랑은 말아도 병 자랑은 하랬다

🎵 마누라를 자랑하는 것은 어리석지만, 병이 나면 많은 사람들에게 이야기해야 경험자들로부터 고치는 방법을 들을 수 있고 고치는 사람을 만날 수 있다는 뜻.

🍒 마루 아래 강아지가 웃을 노릇이다
🎵 어떤 일이 이치에 맞지 않아, 말도 되지 않는다는 뜻.

🍒 마른 하늘에 날벼락 친다
🎵 뜻하지 않은 큰 불행을 당했을 때 하는 말.

🍒 마음씨가 비단결 같다
🎵 비단이 곱고 아름다운 것처럼, 사람의 성질이나 마음씨가 비단같이 부드럽고 아름다우며 착할 때 쓰는 말.

🍒 마음은 굴뚝 같다
🎵 불을 때면 바로 연기를 토해 내듯이, 속으로는 하고 싶은 생각이 간절하다는 말.

🍒 마음이 즐거우면 발길도 가볍다
🎵 마음에 드는 일을 하면
행동도 가벼워진다는 말.

🍒 마음에 없는 염불을 한다
🎵 아무 정성도 기울이지 않고
형식적으로 일을 하는 것을 뜻함.

🍒 마음이 풀어지면 하는 일이 가볍다
🎵 걱정이 없으면 하는 일마다 힘들이
지 않고 쉽게 할 수 있다는 말.

🍒 마파람에 게눈 감추듯 한다
🎵 일을 아주 빨리 해치울 때나 음식을
아주 빨리 먹어 버릴 때에 쓰는 말.

🍒 막다른 골목이 되면 돌아선다
🎵 안 되는 일도 막판에 가까워지면 차츰 풀리기 시작한다는 말.

🍒 만만찮기는 사돈집 안방 같다
🎵 몹시 거북하고 자유롭지 못함을 이르는 말.

🍒 말 가는 데 소도 간다
🎵 재빠른 이가 앞서 가지만 꾸준히 노력만 하면 늦게 가는 이도 따라갈 수 있다는 말.

🍒 말 속에 말 들어 있다
🎵 예사로운 말이지만, 그 말 속에 또 다른 뜻이 들어 있다는 말.

🍒 말괄량이 설거지하듯 한다
🎵 거칠게 설거지를 하면 그릇 부딪치는 소리, 물소리 따위가 시끄럽게 나듯이 매우 소란스럽다는 뜻.

🍒 말 안 하면 귀신도 모른다
🎵 무슨 일이든지 말을 해야 사정을 알 수 있다는 말.

🍒 말이 나면 제주도로 보내고, 사람이 나면 서울로 보내라
🎵 말이 나면 좋은 목장이 있는 제주도로 보내어 튼튼히 자라게 하고, 사람이 나면 좋은 학교가 많은 서울로 보내어 교육을 받아야 훌륭하게 된다는 말이니, 좋은 환경에서 좋은 결과가 있다는 뜻.

🍒 말은 타 봐야 알고, 사람은 사귀어 봐야 안다
🎵 실제로 겪어 봐야
　좋고 나쁨을 알게 된다는 뜻.

🍒 말이 고마우면 비지 사러 갔다 두부 사 온다
🎵 상대방의 태도가
　마음에 들고 고마우면
　예정했던 것보다 잘 해 준다는 뜻.

🍒 말이 많으면 쓸 말이 적다
🎵 말이 지나치게 많으면
　오히려 역효과라는 말.

🍒 말이 말을 만든다
> 🎵 말은 전해져 갈수록 보태져서
> 크게 부푼다는 뜻.

🍒 말이 씨가 된다
> 🎵 늘 말하던 것이
> 마침내 어떤 결과를
> 가져 오게 된다는 말.

🍒 말 잘하고 뺨 맞을까
> 🎵 말을 친절하고 공손하게 하면
> 남으로부터 해를 입지 않는다.

🍒 말 탄 거지 같다
> 🎵 말은 지위가 높은 사람, 돈이 많은
> 사람이 타는 것인데 거지가 탔으니
> 격에 맞지 않다는 뜻.

🍒 말 한 마디에 천 냥 빚도 갚는다
🎵 말을 잘한 덕택으로 큰 위기나 실수를 모면할 수 있게 될 때 하는 말.

🍒 말 한 마리 다 먹고 말 냄새 난다 한다
🎵 아쉬울 때는 감지덕지하다가도, 욕망을 다 채우고 나면 트집을 잡는다는 뜻.

🍒 맑은 물에 고기 안 논다
🎵 물이 너무 맑으면 플랑크톤, 이끼 등 먹을 것이 없어서 고기가 모이지 않듯이, 사람도 너무 깔끔하고 청렴하면 사람이 따르지 않는다는 말.

🍒 맛 좋고 값싼 고등어 자반이다
🎵 가격도 싸면서 맛까지 아주 좋아 두 가지 일에 이익이라는 말.

🍒 망치로 얻어맞고 홍두깨로 친다
🎵 보복은 언제나 자기가 받은 것보다 더 크게 한다는 뜻.

🍒 망치가 가벼우면 못이 솟는다
🎵 윗사람이 너그럽지 못하고 경망하여 아랫사람을 함부로 다루면 결국에는 아랫사람이 순종하지 않고 도리어 반항하는 하극상의 풍조가 일어난다는 말.

🍒 맞기 싫은 매는 맞아도 먹기 싫은 음식은 못 먹는다
🎵 먹기 싫은 음식은 아무리 맛있다고 해도 먹고 싶지 않다는 말.

🍒 매가 새를 쫓듯 한다
🎵 강한 사람이 약한 사람을 몰아붙인다는 뜻.

🍒 매 끝에 정이 든다
🎵 실컷 싸우고 나서 도리어 가까워진다는 말로 미운 정이 강하다는 뜻.

🍒 매도 같이 맞으면 낫다
🎵 괴로운 일도 여러 사람이 함께 당하면 서로 위로받게 되어 견디기가 더 낫다는 뜻.

🍒 매도 맞으려다 안 맞으면 서운하다
🎵 하려던 것을 못 하게 되면
섭섭하다는 뜻.

🍒 매도 먼저 맞는 놈이 낫다
🎵 이왕 겪어야 할 나쁜 일이라면
남보다 먼저 겪는 것이 낫다는 말.

🍒 매를 꿩으로 보았다
🎵 좋지 못한 사람을 좋은 사람으로
잘못 보았을 때 하는 말.

🍒 매에는 장사 없다
🎵 매를 많이 맞게 되면 무릎을 꿇지 않
을 사람이 없다는 말.

🍒 맹수는 함부로 발톱을 보이지 않는다

🎵 사나운 짐승도 사냥을 할 때에만 발톱을 보이듯이, 사람도 꼭 필요할 때가 아니면 자기의 실력을 보여서는 안 된다는 뜻.

🍒 머리에 부은 물은 발꿈치까지 내려간다

🎵 윗사람이 잘못하면 그 피해가 아랫사람에게까지 미친다는 뜻.

🍒 머슴을 살아도 부잣집이 낫다

🎵 같은 머슴을 살아도 부잣집에서 살면 먹고 입는 것이 낫다는 뜻.

🍒 먹기 싫은 밥에 재 뿌린다
🎵 자기가 먹기 싫다고 해서 남도 못 먹게 재를 뿌린다 함이니, 몹시 심술궂은 사람을 가리키는 말.

🍒 먹은 죄는 없다
🎵 굶주린 사람이 남의 음식 먹는 것 정도는 죄가 되지 않는다는 말.

🍒 먹어 보지도 않고 맛 없다고 한다
🎵 내용도 모르고, 즉 경험도 없는 사람이 우겨대기만 한다는 뜻.

🍒 먹을 가까이 하면 검어진다
🎵 행동이 올바르지 못한 사람과 어울리면 자기도 모르게 나쁘게 물든다는 말.

🍒 먹을 때는 개도 안 건드린다
🎵 꾸짖을 일이 있더라도 음식을 먹을 때는 편하게 먹도록 야단치지 말라는 말.

🍒 먹지도 못하는 제사에 절만 죽도록 한다
🎵 아무 소득도 없는 일에 헛고생만 한다는 말.

🍒 먹잘 것 없는 잔치가 소문만 요란하다
🎵 실속도 없는 일이 소문만 요란하게 났다는 말.

멀리 있으면 정도 멀어진다

♪ 친한 사이라도 멀리 떨어져 있어서 만나는 횟수가 적으면 나누던 정도 멀어지게 된다는 말.

메뚜기도 유월이 한철이다

♪ 한창 번성하고 운이 트이는 좋은 때를 가리키는 말.

며느리가 미우면
발뒤축이 달걀 같다고 나무란다

♪ 미워하는 사람에 대해서는 괜히 트집을 잡고 억지로 허물을 지어내어 나무란다는 말.

며느리가 미우면 손녀까지 밉다

🎵 어떤 사람을 미워하면, 그 사람과 관계된 사람까지 미워진다는 말.

🍒 며느리 사랑은 시아버지, 사위 사랑은 장모

🎵 흔히 며느리는 시아버지의 사랑을 받고, 사위는 장모의 사랑을 받는다는 말.

🍒 명주옷은 사촌까지 덥다

🎵 명주옷은 비단이라 사촌까지 덥게 느껴진다는 말이니, 가까운 사람이 성공하여 잘 되면 그 덕이 자기에게까지 미치게 된다는 뜻.

🍒 모기보고 칼 빼기한다

🎵 조그만 일에 크게 반응한다는 뜻으로, 하찮은 일에 크게 성을 낸다는 말.

🍒 모난 돌이 정 맞는다

🎵 성질이 원만하지 못하고 유별나면 다른 사람에게서 욕을 듣거나 미움을 받는다는 뜻.

🍒 모래 위에 쌓은 성이다

🎵 공들여 이루었지만 아무 쓸모 없는 헛된 것이 되었을 때 하는 말.

🍒 모로 가도 서울만 가면 된다

🎵 수단과 방법이야 어떻든 목표 달성만 하면 된다는 말.

🍒 모르면 약이요, 아는 게 병이다

🎵 아무것도 모르면 차라리 마음이 편해서 좋으나, 무엇이든 조금 알고 있으면 걱정거리가 많아져 도리어 해롭다는 말.

🍒 모진 놈 옆에 있다가 벼락 맞는다

🎵 나쁜 사람과 가까이 하면 그 여파로 곁에 있는 사람까지 피해를 입게 된다는 말.

🍒 목구멍이 포도청이다
🎵 생계가 어려우면 못할 짓도 마다할 수 없다는 말.

🍒 목마른 놈이 우물 판다
🎵 급하고 아쉬운 사람이 먼저 서둘러서 일을 한다는 말.

🍒 목수 많은 집이 기울어진다
🎵 여러 사람이 제각기 자기 주장만 내세우면 도리어 일을 망치게 된다는 말.

🍒 몸꼴 내다 얼어 죽는다
🎵 옷을 많이 입으면 맵시가 나지 않으니 추운 날에도 옷을 얇게 입어 멋내려다가 얼어 죽겠다는 말.

못된 송아지 엉덩이에 뿔난다
🎵 되지 못한 자가 엇나가는 행동만 한다는 말.

못 먹는 감 찔러나 본다
🎵 자기가 갖지 못할 바에야 남도 갖지 못하도록 훼방을 놓는다는 말.

못 살면 조상 탓이다
🎵 자기가 노력을 하지 않아 가난하게 사는 것을 조상탓으로 돌린다는 말.

못생긴 며느리 제삿날 병난다
미운 사람이 미운 짓만 골라 한다는 뜻.

🍒 못 입어 잘난 놈 없고, 잘 입어 못난 놈 없다

🎵 잘난 사람도 돈이 없어
옷을 잘 입지 못하면 못나 보이고,
못난 사람도 돈이 많아
옷을 잘 입으면 잘나 보인다는 말로,
옷차림의 중요성을 비유한 말.

🍒 몽둥이 장만하자 도둑 든다

🎵 마침 준비해 둔 것이
제때에 쓰인다는 말.

🍒 무는 개는 짖지 않는다

🎵 무서운 사람일수록
말을 하지 않는다는 뜻.

🍒 무른 땅에 말뚝박기
🎵 하기 쉬운 일이라는 뜻. 또는 힘 있는 자가 약한 사람을 억누르는 경우를 말함.

🍒 무소식이 희소식이다
🎵 아무런 소식이 없다는 것은 결국은 행복하게 살고 있다는 뜻.

🍒 무쇠도 갈면 바늘된다
🎵 성실히 노력하면 어려운 일이라도 반드시 해낼 수 있다는 말.

🍒 무자식이 상팔자다
🎵 여러 자식 때문에 고생을 하느니 자식이 없는 것이 오히려 걱정이 없다는 뜻.

🍒 물도 얼음이 되면 부러진다
🎵 성질이 너무 강하면 실패한다는 말.

🍒 물 본 기러기, 꽃 본 나비다
🎵 목적한 바를 이루어
득의양양함을 이르는 말.

🍒 물불을 가리지 않는다
🎵 어떤 위험도 상관하지 않고
용감히 나선다는 뜻.

🍒 물 샐 틈 없다
🎵 조금의 빈틈도 없다는 뜻.

🍒 물에 빠지면 지푸라기라도 잡는다
🎵 위급한 처지에 놓이게 되면 하찮은
것에도 도움을 청한다는 말.

🍒 물에 빠진 놈 건져 놓으니까 내 봇짐 내놓으라 한다

🎵 남에게 신세를 지고 그것을 갚기는 커녕 도리어 그 은인을 책망한다는 말.

🍒 물에 빠져 죽을 운이면 접시물에도 빠져 죽는다

🎵 사람이 죽으려면 하찮을 일로도 죽을 수 있다는 말.

🍒 물 위에 뜬 기름과 같다

🎵 물과 기름은 섞이지 않아 기름이 물에 뜨듯이, 여러 사람들과 서로 어울리지 못하는 것을 가리킴.

🍒 물은 건너 보아야 알고 사람은 지내 보아야 안다
🎵 외모만으로는 그 사람을 판단할 수 없다는 말.

🍒 물은 트는 대로 흐른다
🎵 사람은 가르치는 대로 하고, 일은 사람이 계획 세운대로 된다는 말.

🍒 물이 깊을수록 소리가 없다
🎵 생각이 깊고 덕망이 높은 사람일수록 교만하지 않다는 말.

🍒 물이 깊어야 고기가 모인다
🎵 덕망이 있어야 따르는 사람이 있다.

🍒 물이 아니면 건너지 말고 인정이 아니면 사귀지 말라
🎵 사람을 사귈 때는 인정으로 사귀어야 하는 것이니, 실속이나 이익 등의 목적으로 교제하지 말라는 말.

🍒 물이 얕으면 돌이 보인다
🎵 경솔한 행동을 하는 사람은 그 속이 빤히 보인다는 말.

🍒 미꾸라지 용 됐다
🎵 변변하지 못한 사람이 잘 되었을 때 은근히 놀리는 말.

🍒 미꾸라지 천 년에 용된다
🎵 어려서 못났던 사람도 꾸준히 노력하면 훌륭하게 된다는 말.

🍒 미꾸라지 한 마리가 웅덩이를 흐린다
🎵 한 사람의 잘못된 행동이 여러 사람에게 해를 끼친다는 뜻.

🍒 미련이 먼저 나고 슬기가 나중 난다
🎵 잘못하여 일을 그르친 뒤에야 좋은 생각이 떠오른다는 말.

🍒 미련한 놈 가슴에는 고드름이 안 녹는다
🎵 미련한 놈이 앙심을 품으면 좀처럼 누그러뜨릴 줄 모른다는 뜻.

🍒 미운 아이 떡 하나 더 준다
🎵 밉다고 멀리만 할 것이 아니라 미울수록 더 사랑을 베풀어야 미워하는 마음이 없어진다는 말.

🍒 믿는 도끼에 발등 찍힌다
🎵 믿었던 사람에게 큰 실망이나 배신을 당했을 때 쓰는 말.

🍒 밀가루 장사하면 바람이 불고 소금 장사하면 비가 온다
🎵 하는 일마다 공교롭게도 계속 안 된다는 말.

🍒 밉다니까 업어 달란다
🎵 미운 사람이 눈치도 없이 점점 더 미운 짓만 한다는 뜻.

🍒 밑도 끝도 없다
🎵 말의 앞뒤가 들어맞지 않게 이러쿵저러쿵하여 갈피를 잡을 수 없다는 뜻.

🍒 밑 빠진 독에 물 붓기
🎵 밑이 빠져 버린 독에는 아무리 물을 부어도 다 빠져 버리고 담길 리가 없다는 말로써, 힘이나 비용을 아무리 들여도 보람이 없는 경우를 뜻함.

🍒 밑져야 본전
🎵 일이 생각대로 되지 않아도 손해 볼 것은 없다는 뜻.

🍒 바늘 가는 데 실 간다
🎵 서로 떨어질 수 없는 가까운 관계여서 항상 붙어 다닌다는 뜻

🍒 바늘 구멍으로 하늘 보기
🎵 세상일을 넓게 보지 못하여, 생각이나 지식이 좁은 것을 빗대는 말.

🍒 바늘 구멍으로 황소바람 들어온다
🎵 ① 추울 때에는 아무리 작은 구멍이라도 새어 들어 오는 바람이 차다는 뜻.
② 아주 작은 잘못으로 인하여 큰 해를 입게 됨을 이르는 말.

🍒 바늘 도둑이 소 도둑 된다
🎵 처음에는 하찮은 것을 훔치기 시작하다가 나중에는 점점 큰 것을 훔치게 된다는 말.

🍒 바늘 방석에 앉은 것 같다
🎵 자리에 같이 있기가 매우 불편할 때 이르는 말.

🍒 바늘로 찔러도 피 나올 데가 없다
🎵 ① 사람이 몹시 야무지게 생겼다는 말.
② 성격에 빈틈이 없음을 이르는 말.

🍒 바람 부는 대로, 물결 치는 대로
🎵 줏대 없이 모든 일을 되는 대로 맡겨 버린다는 뜻.

🍒 바람 앞의 등불
🎵 더 할 수 없이 위험한 상태를 나타내는 말.

🍒 바른 말 하는 사람 귀염 못 받는다
🎵 남의 잘못을 너무 따지고 드는 사람은 다른 사람의 호감을 얻을 수 없다는 말.

🍒 받아 놓은 당상

🎵 계획한 일이 확실하여 조금도 틀림이 없다는 뜻.

* 당상관 : 정 3 품 이상의 벼슬아치.

🍒 발등에 불이 떨어졌다

🎵 갑자기 피하기 어려운 일이 닥쳐왔다는 말.

🍒 발 없는 말이 천 리 간다

🎵 무슨 말이든 빨리 퍼지니까, 항상 말을 조심하라는 뜻.

🍒 방귀 뀌고 성 낸다
🎵 자기가 잘못하여 놓고 도리어 남에게 성을 낸다는 말.

🍒 배고픈 호랑이가 원님을 알아보랴
🎵 너무 배가 고프면 인사고 체면이고 돌아볼 겨를이 없다는 말.

🍒 배보다 배꼽이 더 크다
🎵 커야 될 것이 크지 않고 작아야 될 것이 클 때 쓰는 말로 이치에 어긋난다는 말.

🍒 배워야 면장을 한다
🎵 권위 있는 자리에 앉으려면 배워야 한몫 할 수 있다는 말.

🍒 배지도 않은 아이를 낳으라 한다
🎵 준비도 안 되었는데 무리한 요구를 한다는 말.

🍒 백 번 듣는 것보다 한 번 보는 것이 낫다
🎵 자세한 설명보다는 한 번 가서 눈으로 직접 확인하는 것이 좋다는 말.

🍒 백짓장도 맞들면 낫다
🎵 혼자 하기 힘든 일도 힘을 합하면 쉽게 할 수 있다는 말.

🍒 뱀이 용되면 큰소리 친다
🎵 출세하면 지난날 어려웠던 시절을 잊고 큰소리로 유세 떤다는 말.

🍒 뱁새가 황새 따라 가려면 다리가 찢어진다
> 🎵 힘에 겨운 일을 억지로 하다가는 도리어 큰 화를 당한다는 말.

🍒 뱁새는 작아도 알만 잘 낳는다
> 🎵 작지만 제 할 일은 알아서 한다는 말.

🍒 번갯불에 콩 구워 먹는다
> 🎵 어떤 일을 아주 재빠르게 해치운다는 말.

🍒 범도 제 소리 하면 오고 사람도 제 말 하면 온다
> 🎵 상대방의 말을 하고 있는데 때맞춰 그 사람이 나타났을 때 하는 말.

🍒 범에게 물려가도 정신만 차리면 산다
🎵 죽을 고비에 처할지라도 정신만
똑바로 차리면 살아날 방법이
생긴다는 말.

🍒 범 무서워서 산에 못 가랴
🎵 마음이 편하지 못할지라도
자기 할 일은 해야 한다는 말.

🍒 범 없는 골에 토끼가 스승이다
🎵 유능한 사람이 없는 곳에서는
못난 사람이 잘난 체한다는 말.

🍒 범은 그려도 뼈다귀는 못 그린다
🎵 겉모습은 볼 수 있지만
속사정은 알 수 없다는 말.

🍒 법은 멀고 주먹은 가깝다
🎵 옳고 그름을 따지기보다는
먼저 힘을 써서 해결한다는 말.

🍒 벙어리 냉가슴 앓듯 한다
🎵 답답한 사정이 있어도
남에게 말하지 못하고
혼자서 괴로워 끙끙댄다는 말.

🍒 벙어리 속은 그 어미도 모른다
🎵 말을 안 하면 부모도 자식 속을
알 수 없다는 말.

🍒 벼룩도 낯짝이 있다
🎵 뻔뻔스럽고 얼굴 두껍게 행동하는
사람을 가리킬 때 하는 말.

🍒 벼룩의 간을 내어 먹는다
🎵 더 이상 빼앗을 게 없는 사람에게서 마지막까지 갈취하려 한다는 말.

🍒 벼슬은 높이고 뜻은 낮추어라
🎵 지위가 높을수록 자신을 낮추어 겸손하게 행동해야 한다는 말.

🍒 변덕이 죽 끓듯 한다
🎵 시시때때로 변하는 변덕쟁이를 이르는 말.

🍒 병들어 봐야 설움을 안다
🎵 자기가 아픔을 당해 보아야 그 고통을 알고, 다른 사람의 아픔도 이해할 수 있다는 말.

🍒 병 주고 약 준다
♬ 일이 잘못되게 훼방을 놓았다가
후에 가서 도와 주는 척 한다는 말.

🍒 보리밥에는 된장이 제격이다
♬ 제 분수에 맞는 행동을 하라는 말.

🍒 보채는 아이에게 젖 준다
♬ 도와 달라고 조르는 사람이 있으면
먼저 도와 주게 마련이라는 말.

🍒 봄꽃도 한때다
♬ 꽃 피고 좋은 시절도
한 때 뿐이라는 말.

🍒 부뚜막의 소금도 집어 넣어야 짜다
🎵 아무리 쉬운 일이라도 하지 않으면 소용이 없다는 말.

🍒 뿌리 깊은 나무는 가뭄 안 탄다
🎵 기초가 튼튼하면 절대 흔들리지 않고 고난을 이겨낸다는 말.

🍒 뿌리 없는 나무에 잎이 필까
🎵 원인이 없는 결과는 있을 수 없다는 말.

🍒 부부 싸움은 칼로 물베기다
🎵 부부 싸움은 해 봤자 금방 화해하기 때문에 싸워도 문제가 없다는 말.

🍒 부모가 착해야 효자가 난다
🎵 윗사람이 잘해야
아랫사람이 보고 배워서
잘 하게 된다는 말.

🍒 부자는 망해도 삼 년은 먹을 것이 있다
🎵 재산이 풍부한 사람은 망하더라도 얼마 동안은 남은 재산으로 살아갈 수 있다.

🍒 부잣집 맏며느리감이다
🎵 복스럽고 너그러운 여성을 칭찬하는 말.

🍒 부처님 가운데 토막
🎵 마음이 어질고 성질이 온순한 사람을 비유하는 말.

🍒 북은 칠수록 소리가 난다
🎵 좋지 못한 일은 건드릴수록
   더욱 악화된다는 말.

🍒 불난 집에 부채질한다
🎵 곤경에 처한 사람을
   곁에서 더욱 화나게 부추긴다는 말.

🍒 불면 꺼질까 쥐면 터질까
🎵 자녀를 사랑스럽게
   애지중지 아낀다는 말.

🍒 비 온 뒤에 땅이 굳어진다
🎵 한 차례 어려움을 겪고 나면
   더욱 일을 야무지게 처리한다는 말.

🍒 빈대 잡으려다 집에 불 놓는다
🎵 작은 일에 집착하다
도리어 큰 손해를 본다는 말.

🍒 빈 수레가 더 요란하다
🎵 지식이 없고 교양이 부족한 사람이
잘난 체 떠벌인다는 뜻.

🍒 빗자루 든 놈보고 마당 쓸라 한다
🎵 제 스스로 하려는 사람에게
그 일을 시키려 할 때 하는 말.

🍒 빚진 죄인이다
🎵 빚을 지면 빌려 준 사람 앞에서 죄인
처럼 비굴하게 굽실거리게 된다는
말.

🍒 빚 주고 뺨 맞는다
🎵 남에게 잘해 주고 오히려 욕을 먹을 때 쓰는 말.

🍒 빛 좋은 개살구
🎵 겉모양은 보기 좋지만 실상 속은 보잘것 없다는 말로 겉은 그리 중요하지 않다는 말.

🍒 빼도 박도 못 한다
🎵 일이 몹시 난처하게 되어 계속할 수도, 그만둘 수도 없다는 말.

🍒 사공이 많으면 배가 산으로 올라간다
🎵 주관하는 사람이 없이 간섭하는 사람이 많으면 일이 잘 되지 않는다는 뜻.

🍒 사나운 개 콧등 아물 틈이 없다
🎵 사나운 사람은 늘 남과 싸우기를 잘 하므로, 언제나 몸에 상처가 있다는 뜻.

🍒 사냥 가는 데 총 두고 간다
🎵 무슨 일을 하려 할 때, 가장 중요한
물건을 빠뜨리고 간다는 뜻.

🍒 사돈 남 나무란다
🎵 자기도 같은 잘못이 있으면서
자기 잘못은 젖혀 놓고
남의 탓만 한다는 말.

🍒 사또 떠난 뒤에 나팔 분다
🎵 시기를 놓친 다음에야
뒤늦게 시작하려 한다는 말.

🍒 사돈의 팔촌
🎵 자기와 조금도 관계가 없는
사이라는 말.

사람 위에 사람 없고, 사람 아래 사람 없다

🎵 모든 사람의 권리와 의무는 평등하다는 말.

사람이 죽으면 이름을 남기고, 범이 죽으면 가죽을 남긴다

🎵 죽어서 후세에 이름을 남기려면 평소 좋은 일을 많이 해야 한다는 뜻.

🍒 사람 팔자 시간 문제

🎵 사람 팔자는 순식간에 달라질 수도 있다는 말.

🍒 사위는 백 년 손님이요 며느리는 종신 식구라

🎵 본래 남의 집 자식인 며느리는 자기 집 사람이 되어도 편안한데, 사위는 아무래도 어려운 손님같기만 하다는 말.

🍒 사촌이 땅을 사면 배가 아프다

🎵 남이 잘 되면 공연히 질투심이 난다는 말.

🍒 사흘 굶어 도둑질 아니 할 놈 없다
🎵 아무리 선한 사람이라도 생활이 궁핍하면 옳지 못한 행동을 한다는 말.

🍒 산 개가 죽은 정승보다 낫다
🎵 보잘 것 없고 천할지라도 살아 있는 것이 낫다는 말.

🍒 산 넘어 산이다
🎵 고생되는 일이 갈수록 점점 더하여 간다는 말.

🍒 산 사람 입에 거미줄 치랴
🎵 아무리 가난한 사람도 굶어 죽지는 않는다는 말.

🍒 산 속에 있는 열 놈의 도둑은 잡아도 제 마음 속에 있는 한 놈의 도둑은 못 잡는다

♬ 제 마음 속에 있는 옳지 못한 생각은 스스로 고치기가 어렵다는 말.

🍒 산에 가야 범을 잡는다

♬ 목적을 이룰 수 있는 방법과 방향을 향해 적극적으로 나서야 비로소 바라는 일을 이룰 수 있다는 말.

🍒 산은 오를수록 높고 물은 건널수록 깊다

♬ 갈수록 더 어려운 일이 닥친다는 말.

🍒 살얼음을 밟는 것 같다

🎵 위태위태하여
마음이 몹시 불안할 때 쓰는 말.

🍒 산전수전 다 겪었다

🎵 산과 들에서의 싸움을 모두 겪어 보았기 때문에 세상의 어떤 어려움도 이겨낼 수 있다는 말.

삼 년 먹여 기른 개가 주인 발등을 문다

♬ 오랫동안 공을 들여 보살펴 준 사람이, 은혜를 모르고 도리어 자기에게 해를 끼친다는 뜻.

삼천 갑자 동방삭도 제 죽을 날 몰랐다

♬ 사람은 누구나 자기의 운명을 모른다는 말.

* 삼천갑자 동방삭 : 18만 년이나 산 중국 사람.

상감님도 노인 대접은 한다

♬ 임금님처럼 높은 신분의 사람도 노인은 잘 대접한다는 말로서, 누구나 노인을 공경해야 한다는 뜻.

🍒 새가 보고 싶거든 나무를 심으랬다

🎵 무슨 일을 바라면, 생각만 하고 있지 말고 그 일이 이루어질 수 있는 바탕을 먼저 만들어야 한다는 뜻.

🍒 새도 가지를 가려 앉는다

🎵 ① 사람을 사귀는 데 있어서 사람을 잘 택하여 사귀어야 한다는 뜻.
② 살 곳이나 직장을 잘 선택해야 한다는 뜻.

🍒 새 발의 피다

🎵 어떤 것이 차지하는 분량이 매우 적다는 말.

🍒 새벽달 보자고 초저녁부터 기다린다

🎵 무슨 일을 너무 서두를 때 쓰는 말.

🍒 새우 그물에 잉어가 걸렸다
🎵 생각지도 않았는데 큰 재물이 들어왔다는 뜻.

🍒 생일날 잘 먹자고 이레를 굶는다
🎵 ① 어떻게 될지 모르는 앞일인데, 미리부터 지나치게 바라고 기다린다는 뜻.
② 앞일만 바라보고 현재 일을 소홀히 하면 안 된다는 뜻.

🍒 서당개 삼 년에 풍월을 읊는다
🎵 무식한 사람도 어떤 일이든 오래 보고 듣게 되면 자연히 견문이 생긴다는 말.

🍒 서투른 무당이 장구만 나무란다
🎵 일에 서투른 사람이 자기의 솜씨가 모자라서 그런 줄은 모르고 도구만 나쁘다고 탓한다는 뜻.

🍒 선무당이 사람 잡는다
🎵 잘 알지도 못 하면서 아는 체하다가 일을 그르칠 때 쓰는 말.

🍒 '설마'가 사람 잡는다
🎵 '설마 그럴 리야 없겠지' 하고 속으로 믿고 있는 일에 크게 혼난다는 뜻.

🍒 섶을 지고 불로 들어가려 한다
🎵 불에 잘 타는 섶나무를 지고 불에 뛰

어드는 것처럼, 무모한 행동을 해서 더 손해를 당한다는 말.

🍒 세 살적 버릇 여든까지 간다
🎵 어릴 때 몸에 벤 버릇은 늙어도 못 고친다는 뜻.

🍒 세월은 기다려 주지 않는다
🎵 세월이 나를 위하여 기다려 주지 않으니까, 자신이 시간을 아껴 잘 써야 한다는 뜻.

🍒 세월이 약이다
🎵 크게 마음이 상하여 고통스럽던 일도 오랜 세월이 흐르면 저절로 잊혀지게 된다는 말.

🍒 소 귀에 경 읽기
🎵 미련한 사람에게 아무리 가르치고 일러 주어도 전혀 알아듣지 못함을 말함.

🍒 소도 언덕이 있어야 비빈다
🎵 의지할 데가 있어야 무슨 일을 할 수 있다는 말.

🍒 소문 난 잔치에 먹을 것 없다
🎵 좋다고 소문 난 것이 오히려 다른 것만 못할 때 쓰는 말.

🍒 소 잃고 외양간 고친다
🎵 이미 일을 그르친 뒤에 때 늦게 손을 써도 소용이 없다는 뜻이니 평소에 대비를 잘 하라는 뜻.

🍒 쇠똥에 미끄러져 개똥에 코 박은 셈이다
🎵 대수롭지 않은 일에 계속 실수를 하여
어이가 없고 기가 막힐 때 쓰는 말.

🍒 쇠뿔은 단김에 빼라
🎵 무슨 일이든지 질질 끌지 말고
기회가 있을 때
바로 해치워야 한다는 말.

🍒 수박 겉핥기
🎵 내용이나 참뜻은 알지 못 하고
대충 일을 하는 것을 비웃는 말.

🍒 수염이 석자라도 먹어야 양반이다
🎵 배가 불러야 체면도 차릴 수 있다는 말.

🍒 술 익자 체 장수 지나간다
🎵 일이 우연히 맞아떨어져 순조롭게 되어감을 비유한 말.

🍒 숨다 보니 포도청 집이라
🎵 숨는다고 한 것이 도리어 제 발로 잡히러 간 셈이 되었다는 말로서, 일이 뜻밖에 잘못되어 어렵게 되었 다는 뜻.

🍒 숭어가 뛰니까 망둥이도 뛴다
🎵 제 처지는 생각하지 않고 남이 하니까 무작정 따라 한다는 말.

🍒 시루에 물 퍼붓기다
🎵 아무리 있는 힘을 다하여 애를 써도 보람이 나타나지 않을 때 쓰는 말.

시작이 반이다
♪ 어떤 일이라도 시작하기까지의 결심이 어렵지, 일단 시작하기만 하면 성공의 가능성이 반쯤은 보인다는 뜻.

시장이 반찬이다
♪ 배가 고프면 반찬이 없더라도 밥맛이 좋다는 말.

배고플 때는 반찬이 필요 없어요

🍒 시집도 가기 전에 기저귀 마련한다
🎵 준비가 너무 빠르다는 말.

🍒 식은 죽 먹기
🎵 아주 하기 쉽다는 뜻.

🍒 신 벗고 따라가도 못 따라간다
🎵 온 힘을 다 기울여도 도저히 미치지 못한다는 말.

🍒 신선 놀음에 도끼자루 썩는 줄 모른다
🎵 재미있는 일에 온 정신이 팔려 시간 가는 줄 모른다는 말.

🍒 십 년이면 강산도 변한다
🎵 세월이 흐르면 변하지 않는 것이 없다는 말.

🍒 싸움은 말리고 흥정은 붙이랬다
🎵 나쁜 일은 하지 못하도록 말리고, 좋은 일은 계속 하도록 부추겨야 한다는 말.

🍒 싹수가 노랗다
🎵 애초부터 희망이 보이지 않는다는 말.

🍒 싼 게 비지떡이다
🎵 값이 싼 물건은 당연히 그 품질도 나쁘다는 뜻.

🍒 쌀광에서 인심난다
🎵 자기 자신이 넉넉해야 남에게 인심을 쓰거나 도와줄 수도 있다는 말.

🍒 쌈지돈이 주머니 돈이다
🎵 돈이 쌈지에 들어 있거나 주머니에 들어 있거나 다 자기 것이라는 뜻.

🍒 썩어도 준치다
🎵 값어치가 있는 물건은 썩거나 헐어도 어느 정도 본래의 가치를 지니고 있다는 말.

🍒 쏘아 놓은 살이요, 엎지른 물이라
🎵 한번 저지른 일은 어떻게 다시 고쳐 할 수 없다는 말.

🍒 아는 길도 물어 가라
🎵 아무리 쉬운 길도
물어서 가야 틀림이 없다.

🍒 아니 땐 굴뚝에 연기날까
🎵 어떤 일이든지 원인이 없는 결과는
없다는 말.

🍒 아니 밤 중에 홍두깨다
🎵 예측하지 못한 일이
갑자기 일어났을 때 쓰이는 말.

🍒 아이 보는 데서는 찬물도 못먹는다
🎵 아이들은 언제나 어른이 하는 것을 따라 하니 아이들이 있는 앞에서는 항상 몸가짐을 조심해야 한다는 말.

🍒 안 되는 놈은 뒤로 넘어져도 코가 깨진다
🎵 일이 안 될 때는 뜻하지 않은 실패와 나쁜 일이 겹쳐진다는 말.

안 본 용은 그려도, 본 뱀은 못 그리겠다
🎵 상상은 자유로이 할 수 있으나, 사실은 정확히 파악하기 힘들다는 말.

앉은 자리에 풀도 안 나겠다
🎵 몹시 냉정한 사람을 비유하는 말.

앞길이 구만리 같다
🎵 앞으로 살아갈 날이 구만 리나 되는 것처럼 많이 남아 있으니 무엇인들 못하랴! 즉 가능성이 무한히 열려 있다는 뜻.

얕은 내도 깊게 건너라
🎵 무슨 일이든 언제나 신중하라는 뜻.

🍒 약방에 감초
🎵 어떤 일을 하는데 빠지지 않고 참석하여 감초 역할을 하는 없어서는 안 될 사람. 또는 꼭 필요한 물건을 일컫는 말.

🍒 어느 구름에서 비가 올까
🎵 언제 무슨 일이 갑자기 생길지 미리 짐작하기 어렵다는 뜻.

🍒 어느 장단에 춤을 추랴
🎵 참견하는 사람이 많아
어느 말에 따라 행동해야 할 지
모르겠다는 말.

🍒 어물전 망신은 꼴뚜기가 시킨다
🎵 못난 사람이 자기가 속해 있는 단체나 사람에게 불명예스러운 일을 하고 다녀 동료들의 망신까지 시킨다는 말.

🍒 양지가 음지되고 음지가 양지된다
🎵 세상일은 좋고 나쁜 사정이 뒤바뀌는 경우가 많다는 말.

🍒 어르고 뺨친다
🎵 그럴 듯한 말로 꾀어서 은근히 남을 해치는 것.

🍒 어른말을 들으면 자다가도 떡이 생긴다
🎵 지식이 많고 경험이 많은 어른들의 말을 들으면 이롭다는 뜻.

🍒 어머니 손은 약손이다
🎵 어릴 때의 어지간한 병은 어머니가 사람의 손으로 어루만지며 간호하면 다 낫는다는 뜻.

🍒 어미 속 알아 주는 자식 없다
🎵 어머니가 자식을 위해 얼마나 걱정하고 고생하는 가를 자식들은 잘 알지 못한다는 뜻.

🍒 억지로 절 받기다
🎵 상대방은 생각지도 않는데 스스로 요구하여 억지로 대접을 받는다는 뜻.

🍒 억지 춘향이다
🎵 될 수 없는 일을 억지로 한다는 말.

🍒 언 발에 오줌누기다
🎵 언 발을 녹이려고 발등에 오줌을 누면 잠깐 동안은 언것이 녹을지 모르나 나중에는 그 오줌까지 얼것이니, 잠깐 급한 것을 피한 것이 결과는 오히려 더 나쁘게 되었다는 말.

🍒 얻기 쉬운 것은 잃기 쉽다
🎵 쉽게 얻은 것은
소중하게 여기지 않기 때문에
잃어버리기 쉽다는 뜻.

🍒 얻어 들은 풍월이다
🎵 정식으로 배운 것이 아니라, 남으로부터 듣거나 보고 얻은 지식을 말함.

🍒 얼굴 값도 못한다
🎵 생김새는 그렇지 않은데 말과 행동이 거기에 미치지 못한다는 뜻.

🍒 얼굴에 똥칠한다
🎵 얼굴을 들고 다닐 수 없을 만큼 부끄러운 짓을 한다는 뜻.

🍒 엉덩이에 뿔났다
🎵 아직 철이 나지 않은 사람이 남의 가르침을 듣지 않고 빗나감을 말함.

엎지러진 물이다
🎵 한 번 저지른 실수는 다시 돌이킬 수 없다는 뜻.

엎친데 덮친 격이다
🎵 불행한 일이 거듭 생김을 뜻하는 말.

여자 셋이 모이면 접시가 깨진다
🎵 여자들이 모이면 말이 많고 떠들썩하다는 것을 이르는 말.

🍒 열 길 물 속은 알아도
한 길 사람 속은 모른다
🎵 깊은 물 속은 알 수 있어도 사람의 마음은 잘 알 수 없다는 말.

🍒 열두 가지 재주 가진 놈
저녁거리가 없다
🎵 여러 가지 어설픈 재주를 가진 사람이 한 가지 확실한 재주를 가진 사람보다 못 하다는 뜻.

🍒 열 번 듣는 것이
한 번 보는 것만 못 하다
🎵 눈으로 직접 보고 확인하는 것이 여러 번 듣는 것보다 확실하다는 뜻.

🍒 열 사람이 지켜도 한 도적을 못 막는다
🎵 여럿이 지켜보고 살펴도 어떤 사람이 나쁜 짓을 하려 들면 막을 수 없다는 뜻.

🍒 열 손가락 깨물어서 안 아픈 손가락 없다
🎵 아무리 자식이 많아도 부모에게는 다 소중하고 귀엽다는 말.

🍒 열 번 찍어 안 넘어가는 나무 없다
🎵 ① 꾸준히 노력하면 기어이 뜻을 이룬다는 뜻.
① 아무리 뜻이 굳은 사람이라도 계속해서 자꾸 권하고 부탁하면 마음이 변한다는 뜻.

🍒 열흘 붉은 꽃 없다
🎵 권세나 영화는
  오래 가지 않는다는 뜻.

🍒 염불에는 마음이 없고 젯밥에만 마음이 있다
🎵 자기가 마땅히 해야 할 일에는 정성
  을 들이지 않고 딴 곳에 마음을 뺏기
  고 있다는 말.

🍒 옛말 그른 데 없다
🎵 예로부터 전해져 내려오는 말은
  옳다는 말.

🍒 오뉴월 하루 볕이 무섭다
🎵 한 살이라도 더 먹은 사람이
  어느 모로 보나 낫다는 말.

🍒 오는 정이 있어야 가는 정이 있다
🎵 남이 잘 하면 나도 상대방에게
그만큼 보답을 하게 된다는 말.

🍒 오라는 데는 없어도 갈 데는 많다
🎵 남이 환영하지는 않아도 자기로서
는 가서 해야할 일이 있다는 말.

🍒 오르막이 있으면 내리막도 있다
🎵 일이 잘 되는 때가 있으면,
안 되는 때도 있다는 말.

🍒 오르지 못할 나무는 쳐다보지도 말라
🎵 자기 분수에 넘치는 것은
아예 바라지 말라는 뜻.

오십 보 백 보
♬ 작은 잘못이나 큰 잘못이나 잘못은 다 같다는 말.

오얏나무 아래에서 갓을 고쳐 쓰지 말라
♬ 오얏나무 밑에서 갓을 고쳐 쓰려고 손을 올리면 마치 오얏을 따려고 하는 것처럼 보일 것이니, 남의 의심을 살 짓은 아예 하지 말라는 뜻.

오장까지 뒤집어 보인다
♬ 마음을 속속들이 모두 털어 놓는다는 뜻.

🍒 오장이 뒤집힌다
🎵 마음이 몹시 상하여
참을 수 없을 정도라는 뜻.

🍒 옥에 티가 있다
🎵 아무리 훌륭한 사람이나 물건이라도 따지고 보면 어딘가는 결점이 있다는 말.

🍒 올라가는 놈이 떨어지기도 한다
🎵 일을 하는 사람이라야 실패도 하지 아무 일도 하지 않는 사람은 성공도 실패도 하지 않는다는 말.

🍒 옷이 날개라
🎵 옷을 잘 입으면 인물이 한층 돋보인다는 말.

🍒 외상이면 소도 잡아먹는다
🎵 뒤에야 어떻게 되든, 우선 당장은 하고 싶은 대로 한다는 뜻.

🍒 요지경 속이라
🎵 속내용이 알쏭달쏭하고 기묘하여 이해할 수 없다는 뜻.

🍒 용 꼬리가 되는 것보다 닭 머리가 되는 것이 낫다
🎵 큰 단체에서 말단인 것보다는 작은 단체에서 우두머리가 낫다는 말.

🍒 용 머리에 뱀 꼬리다
🎵 처음에는 잘하다가 나중에는 흐지부지 하는 것을 뜻하는 말.

🍒 용의 수염을 만지고 범의 꼬리를 밟는다
🎵 위험한 줄 모르고 겁 없이 행동하는 것을 말함.

🍒 우는 아이 젖 준다
🎵 말을 하지 않으면 남들이 몰라 주기 때문에 남에게 요구할 것은 반드시 해야 얻을 수 있다는 말.

🍒 우렁도 두렁 넘을 꾀가 있다
🎵 미련하고 못난 사람도 무엇이든 한 가지 재주는 있다는 말.

🍒 우물가에 애 보낸 것 같다
🎵 도무지 마음이 놓이지 않고
몹시 걱정이 된다는 뜻.

🍒 우물안 개구리
🎵 넓은 세상의 형편을 모르는
견문이 좁은 사람을 빗대는 말.

🍒 우물을 파도 한 우물을 파라
🎵 무슨 일이든 한 가지 일을 끝까지
열심히 해야 성공할 수 있다는 말.

🍒 울며 겨자 먹기
🎵 마음에 없는 일을 억지로
하지 않을 수 없는 경우에 쓰이는 말.

🍒 웃는 낯에 침 뱉으랴
🎵 좋은 얼굴로 대하는 사람에게 듣기 싫은 말이나 욕을 할 수 없다는 말.

🍒 윗물이 맑아야 아랫물이 맑다

🎵 윗사람의 행동이 바르고 옳아야 아랫사람도 본받아 행실이 바르다는 말.

🍒 웃음 속에 칼이 있다
🎵 겉으로는 좋아하는 체 하지만 속으로는 도리어 해치려는 마음을 품고 있다는 말.

🍒 원님 덕에 나팔 분다
🎵 다른 사람의 덕택으로 분에 넘치는 호강을 한다는 뜻.

🍒 원수는 외나무 다리에서 만난다
🎵 남의 원한을 사면 피할 수 없는 곳에서 공교롭게 화를 입게 된다는 말.

🍒 원숭이도 나무에서 떨어진다
🎵 아무리 능숙한 사람이라도 실수할 때가 있다는 말.

🍒 은혜를 원수로 갚는다
🎵 은혜에 보답하지는 못할망정 도리어 해를 끼친다는 말.

🍒 의가 좋으면 천하도 반분한다
🎵 사이가 좋으면 아무리 귀중한 것이라도 나누어 가진다는 뜻.

🍒 이가 없으면 잇몸으로 산다
🎵 필요하지만 없으면 없는대로 살 방법이 있다는 말.

🍒 이마에 피도 안 말랐다
🎵 아직 어리고 철이 없는 사람을 가르킬 때 쓰는 말.

🍒 이불 속에서 활개친다
🎵 남이 보지 않는 곳에서 큰 소리치는 어리석은 사람을 일컫는 말.

🍒 이 설움 저 설움 해도 배고픈 설움이 제일이라
🎵 사람이 여러 가지 다른 고통은 견딜 수 있으나 굶주리는 것만은 견디기가 매우 어렵다는 뜻.

🍒 이웃집 개도 부르면 온다
🎵 불러도 대답조차 없는 사람을 핀잔할 때 쓰는 말.

🍒 익은 밥 먹고 선 소리한다
🎵 이치에 맞지 않는, 말도 되지 않는 말을 하는 사람을 두고 하는 말.

🍒 일각이 삼 년 같다
🎵 기다리는 마음이 간절하여 아주 짧

은 시간도 삼 년 같이 길게 느껴진다는 뜻.

🍒 임도 보고 뽕도 딴다
🎵 한꺼번에 두 가지 일을 이루고자 꾀하는 것을 이르는 말.

🍒 입술에 침이나 바르지
🎵 얼굴 표정도 변하지 않고 천연덕스럽게 거짓말을 하는 것을 이르는 말.

🍒 입에 맞는 떡
🎵 마음에 꼭 드는 일이나 물건을 말함.

🍒 입에서 신물이 난다
🎵 아주 지겹다는 말.

🍒 입에 쓴 약이 몸에 좋다
🎵 좋은 충고나 교훈은 당장 듣기에는 불쾌하지만 수양을 위해서 달게 받아들여야 한다는 말.

🍒 입은 다물고 눈은 크게 떠라
🎵 말은 될 수 있으면 적게 하고, 보는 것은 크게 하라는 뜻.

🍒 입은 비뚤어져도 말은 바로 해라
🎵 무슨 일이 있어도 말은 바르게 하라는 뜻.

🍒 입이 광주리만 해도 말을 못하리라
🎵 분명히 잘못한 일이 있으므로 제아무리 입이 커도 변명할 수 없다는 말.

🍒 입추의 여지가 없다
🎵 송곳을 세울 자리가 없을 만큼 빈틈이 없이 들어서 있음을 표현한 말.

※입추 : 송곳을 세움

🍒 자기 버릇 개 줄까
🎵 한 번 길들여진 습성은 고치기 어렵다는 말.

🍒 자다가 벼락 맞는다
🎵 갑자기 뜻하지 않은 변을 당하여 어쩔 줄 모를 때 쓰는 말.

🍒 자라 보고 놀란 가슴 솥뚜껑 보고 놀란다
🎵 어떤 것에 한 번 몹시 놀란 사람은 그와 비슷한 것만 보아도 겁을 낸다는 뜻.

🍒 자랑 끝에 불 붙는다
🎵 자기 자랑을 너무 많이 하다가는 손해를 보게 된다는 말.

🍒 자식 겉 낳지, 속 못 낳는다
🎵 아무리 자기가 낳은 자식일지라도 그 마음 속까지 알 수는 없다는 뜻.

🍒 자식은 낳은 자랑 말고 키운 자랑 하랬다

🎵 자식은 정성껏 가르치며 잘 길러야 한다는 뜻.

🍒 자식은 내 자식이 커 보이고, 벼는 남의 벼가 커 보인다
🎵 자식은 자기 자식이 잘나 보이나 재물은 남의 것이 좋아 보인다는 뜻.

🍒 자식을 길러 봐야 부모 은혜를 안다
🎵 자식을 낳아 키워 보아야 부모의 깊은 뜻을 헤아리게 된다는 뜻.

🍒 작은 고추가 맵다
🎵 작은 사람이 하는 일이 야무질 때 쓰이는 말.

🍒 잔치날 잘 먹으려 사흘 굶을까
🎵 훗날 있을 일만 믿고 막연히 기다리지 말라는 말.

🍒 잘 되면 제 탓, 안 되면 조상 탓
🎵 일을 잘 하면 자기가 잘 한 것이고, 안 되면 남을 원망한다는 말.

🍒 잘 되면 충신이요, 못 되면 역적이라
🎵 같은 일을 하더라도 성공하면 칭찬받고 실패하면 멸시당한다는 말로 결국 승리한 사람에게 유리하다는 말.

🍒 잠결에 남의 다리 긁는다
🎵 남의 일을 제 일로 착각하고 괜한 수고를 한다는 말.

🍒 장구를 쳐야 춤을 추지
🎵 옆에서 도와 주는 사람이 있어야 일을 더 잘 할 수 있다는 말.

🍒 장부가 칼을 빼었다가 다시 꽂나
🎵 큰일을 계획했던 사람이 사소한 방해물로 인해 그만 둘 수 없다는 뜻.

🍒 장부일언 중천금
🎵 사내의 말은 천금의 무게가 있다는 말이니 한 번 말한 것은 꼭 지켜야 된다는 말.

🍒 장사가 나면 용마가 난다
🎵 훌륭한 사람이 나면 저절로 그에 필요한 조건이 갖추어지거나 알맞은 배필이 생긴다는 말.

🍒 재수 없는 사람은 곰을 잡아도 웅담이 없다

🎵 재수가 없는 사람은 무슨 일을 해도 좋은 평가를 받지 못한다는 말.

🍒 재주를 다 배우니 눈이 어둡다

🎵 오랫동안 노력해서 일을 성사 시켰는데 복이 없어서 그 일이 허사로 돌아갔다는 말.

🍒 저승 길과 변소 길은 대신 못 간다

🎵 죽음과 용변은 남이 대신 해 줄 수 없다는 말.

🍒 저 중 잘 뛴다니까
장삼 벗어 걸머지고 뛴다
🎵 거짓말로 한 칭찬에 신이 나서 잘 하려고 한다는 말.

🍒 적게 마시면 약주요,
많이 마시면 망주다
🎵 술은 적당히 마셔야 한다는 말.

🍒 절에 가서 젓국을 찾는다
🎵 엉뚱한 곳에 가서 있지도 않은 물건을 구하려 한다는 말.

🍒 점잖은 고양이 부뚜막에 먼저 오른다
🎵 겉으로는 점잖은 척 하던 사람이 엉뚱한 짓을 먼저 한다는 말.

🍒 정성이 있으면 한식에도 세배 간다
🎵 마음만 있으면 언제라도 성의는 표시할 수 있다는 말.

🍒 정승도 저 싫으면 안 한다
🎵 아무리 좋은 것이라도 마음에 내키지 않으면 좋을 게 없다는 말.

🍒 정성이 지극하면 돌 위에 풀이 난다
🎵 무슨 일이든지 정성이 지극하면 안 될 일도 이루어진다는 말.

🍒 자기에게서 나온 말이 다시 자기에게로 돌아간다
🎵 말이란 한없이 돌고 도는 것임으로 조심하라는 말.

🍒 제 눈에 안경이다
🎵 별 볼일 없을지라도 자기 마음에 들면 좋다는 말.

🍒 제 논에 물 대기 한다
🎵 자기에게 유리하도록 일을 한다는 말.

🍒 제비는 작아도 강남 간다
🎵 몸은 비록 작지만 제 할 일을 다 한다는 말.

🍒 종로에서 뺨 맞고 한강에서 눈 흘긴다
🎵 뺨 맞은 자리에서는 아무 소리도 못 하고 전혀 다른 장소에 가서 화풀이를 한다는 말.

🍒 죄는 지은 데로 가고 물은 트는 데로 간다
🎵 나쁜 짓을 한 사람은 반드시 벌을 받게 마련이라는 말.

🍒 주러 와도 미운 놈 있고, 받으러 와도 고운 놈 있다
🎵 자기에게 이롭다고 좋은 것이 아니고, 귀찮은 사람이라고 모두 밉지 않듯이 사람의 감정이란 표현하기 어려운 것이라는 말.

🍒 주린 고양이가 쥐 만난 듯
🎵 필요한 것이 마침 눈앞에 나타났을 때 하는 말.

🍒 주인 많은 나그네 밥 굶는다
🎵 도와 준다는 사람이 많으면 서로 미루다가 결국은 도움을 받지 못할 경우도 있다는 말.

🍒 죽은 나무에 꽃이 핀다
🎵 가망이 없다고 생각했던 것에 갑자기 좋은 일이 생겼을 때 하는 말.

🍒 죽 쑤어 개 좋은 일 한다
🎵 공들여 마친 일이 남의 이익으로 돌아간다는 말.

🍒 줄수록 양양하다
🎵 많은 것을 양보하여 줄수록 더 달라고 하는 한 없는 욕심장이라는 말.

🍒 쥐구멍에도 볕들 날이 있다
🎵 평소에 운이 따르지 않아 고생하던 사람도 언젠가는 행운이 찾아 올 날이 있다는 말.

🍒 지렁이도 밟으면 꿈틀한다
🎵 순하고 얌전한 사람도 지나치면 반항한다는 말.

🍒 쥐구멍으로 소 몰라 한다
🎵 불가능한 일을 억지로 하라고 권유한다는 말

🍒 지성이면 감천이라
🎵 지극 정성이면 하늘이 그 뜻을 알고 소원을 들어준다는 말.

🍒 지나가는 불에 밥 익히기
🎵 우연히 다가온 기회를 이용하여 제 일을 마친다는 말.

🍒 쪽박 빌려주니 쌀 꾸어 달란다
🎵 편의를 보아 상대편을 생각해 주면 줄수록 더 많은 것을 요구한다는 말.

찬 물도 위아래가 있다
♬ 모든 일에는 순서가 있으니 그 순서를 따라 해야 한다는 말.

참새 잡으려다 꿩 놓친다
♬ 작은 것을 탐하다 도리어 큰 것을 놓친다는 뜻.

🍒 참새가 방앗간을 그대로 지나가랴

🎵 자기가 좋아하는 곳은 그대로 지나치지 못한다는 뜻.

🍒 책망은 몰래 하고 칭찬은 알게 하랬다

🎵 남을 꾸짖을 때는 다른 사람이 모르게 하고, 남을 칭찬할 때는 여러 사람이 알게 해야 한다는 말.

🍒 처갓집 말뚝에 절 하겠네
🎵 아내를 지극히 사랑하는 사람을 놀릴 때 쓰는 말.

🍒 처음이 나쁘면 끝이 나쁘다
🎵 무슨 일이나 시작이 좋아야 한다는 말.

🍒 천냥 빚도 말로 갚는다
🎵 말재주가 좋으면 큰 빚도 면제받을 수 있다 함이니, 살아 가는 데 말을 잘 하는 것이 중요하다는 뜻.

🍒 천 리 길도 한 걸음부터
🎵 아무리 큰 일일지라도 작은 것에서부터 시작한다는 말.

🍒 천 마리 참새가 한 마리 붕만 못 하다
🎵 양의 많고 적음보다는
질이 중요하다는 말.

🍒 첫 술에 배부르랴
🎵 처음부터 만족스러운 일은
없다는 말.

🍒 초록은 동색이라
🎵 풀색과 녹색은 같다는 뜻으로, 비슷한 사람이 끼리끼리 어울린다는 뜻.

🍒 초사흘 달은 잰 며느리가 본다
🎵 부지런한 사람이 이득을 본다는 말.

🍒 취중에 진담이 나온다
🎵 술에 취하여 함부로 지껄이는 말에 속마음이 드러난다는 뜻.

🍒 친구는 옛 친구가 좋고 옷은 새 옷이 좋다
🎵 친구는 오래 사귈수록 정이 두터워 좋고, 물건은 새것이 좋다는 말.

🍒 칠 년 가뭄에는 살아도 석 달 장마엔 못 산다
🎵 긴 가뭄보다 무덥고 칙칙한 장마철이 더 견딜 수 없다는 말.

🍒 칼날 위에 섰다
🎵 매우 위험한 지경에 놓였다는 말.

🍒 칼든 놈은 칼로 망한다
🎵 남을 해치려는 사람은 반드시 남에게 피해를 입게 된다는 말.

🍒 칼 물고 뜀뛰기한다
🎵 매우 위태로운 일을 주저없이 행동으로 옮긴다는 뜻.

🍒 콧방귀만 뀐다
🎵 다른 사람의 의견, 태도 등을 무시하거나 가소롭게 여길 때 쓰는 말.

🍒 콩 심어라, 팥 심어라 한다
🎵 일일이 지나친 간섭을 한다는 뜻.

🍒 콩 심은데 콩 나고, 팥 심은 데 팥 난다
🎵 모든 일은 원인에 따라 결과가 생긴다는 말.

🍒 콩으로 메주를 쑨다 해도 곧이 듣지 않는다
🎵 거짓말을 자주 하면, 참말을 해도 사람들이 믿어 주지 않는다는 뜻.

🍒 콩을 팥이라 해도 곧이 듣는다
🎵 신용이 있는 사람의 말은 무슨 말이라도 믿는다는 말.

🍒 콩이야 팥이야 한다
🎵 서로 비슷한 것을 구별하려고 따지며 시비를 한다는 말.

🍒 큰 둑도 개미구멍으로 무너진다
🎵 아주 작은 흠이라도 바로 고치지 않으면, 그 흠 때문에 큰일을 망치게 된다는 뜻.

🍒 키 크고 싱겁지 않은 사람 없다
🎵 키가 큰 사람 중에 싱거운 행동을 하는 사람이 많다는 말.

큰 코 닥친다
🎵 크게 낭패를 본다는 말.

🍒 태산을 넘으면 평지를 본다
🎵 고생을 이겨내면 다음에는 즐거운 일이 생긴다는 뜻.

🍒 터를 잡아야 집을 짓는다
🎵 모든 일에는 순서가 있어야 한다는 말.

🍒 털 뽑힌 꿩모양이다
🎵 꼭 있어야 할 것을 빼앗겨서 모양이 괴상하거나 꼴이 초라하게 된 것을 이르는 말.

🍒 털어서 먼지 안 나는 사람 없다
🎵 누구나 결점을 찾아보면 허물이 없는 사람은 없다는 뜻.

🍒 토끼가 제 방귀에 놀란다
🎵 몰래 저지른 잘못이 두려워서 제 풀에 겁을 먹고 떨고 있는 사람을 일컫는 말.

🍒 토끼를 다 잡으면 사냥개를 삶는다
🎵 필요할 때는 소중히 여기다가도, 필요 없게 되면 천대하고 버린다는 뜻.

🍒 티끌 모아 태산
🎵 아무리 작은 것이라도 모이면 큰 것을 이룬다는 뜻.

🍒 파리 목숨 같다

🎵 인생은 짧고 덧없어서 언제 죽을지 알 수 없다는 말.

🍒 판에 박은 것 같다

🎵 사물의 모양이 같거나 같은 일이 되풀이 될 때 쓰이는 말.

🍒 팔이 안으로 굽지 밖으로 굽나
🎵 사람은 누구나 자기와 가까운 사람에게 정이 더 쏠리게 마련이라는 뜻.

🍒 평양 감사도 저 싫으면 그만이다
🎵 아무리 좋은 일이나 높은 벼슬이라도 자기 마음에 들지 않으면 억지로 시키기 어렵다는 뜻.

🍒 평지에서 낙상한다
🎵 어려움이라고는 전혀 없는 곳에서 실패를 할 수 있다는 뜻.

🍒 포수집 강아지 범 무서운 줄 모른다
🎵 큰 세력을 믿고 주제넘게 행동한다는 말.

푸줏간에 든 소

🎵 죽을 처지에 놓여 아무리 애를 써도 위험에서 벗어나지 못하게 된 처지를 이르는 말.

푸줏간으로 들어가는 소걸음 같다

🎵 자기의 뜻과 상관없이 억지로 끌려간다는 말.

품 속에 들어온 새는 잡지 않는다

🎵 자기의 잘못을 인정하고 용서를 구하는 사람은 아무리 미워도 해치지 않아야 한다는 말.

품 안에 자식

🎵 자식이 어려서는 부모의 말을 잘 들

지만, 크면 자기 주장대로 하고, 부모의 말을 잘 듣지 않는다는 뜻.

🍒 피장 파장이다
🎵 누가 낫고 못함이 없다는 뜻으로, 상대의 행동에 따라 그와 동등한 행동으로 맞서는 일을 일컫는 말.

🍒 핑계없는 무덤 없다
🎵 무슨 일이라도 반드시 핑곗거리는 있다는 뜻.

🍒 하나를 보면 열을 안다
🎵 하는 행동만 보아도 그 사람의 모든 것을 미루어 짐작할 수 있다는 뜻.

🍒 하나만 알고 둘은 모른다
🎵 사물을 두루 살피지 않고 융통성 없이 제멋대로 행동한다는 말.

🍒 하늘로 솟았나 땅으로 꺼졌나
🎵 아무리 찾아도 보이지 않을 때 쓰이는 말.

🍒 하늘을 봐야 별을 따지
🎵 원인 없는 결과를 얻을 수 없다는 뜻.

🍒 하늘은 스스로 돕는 자를 돕는다
🎵 부지런히 노력하는 사람은 하늘이 도와 준다는 말.

🍒 하늘이 무너져도 솟아날 구멍은 있다
🎵 아무리 큰 재난을 당하였더라도 그것을 벗어날 방책이 있다는 말.

🍒 하던 일도 멍석을 펴 놓으면 안 한다
🎵 잘 하던 일도 권하여 떠 받들어 주면 안 한다는 뜻.

🍒 하루 가다 보면 소도 보고 말도 본다
🎵 사람이 살아가자면 이런 꼴 저런 꼴 다 보게 된다는 말.

🍒 하루살이 불보고 덤비듯 하다
🎵 저 죽을 줄 모르고 미련하게 함부로 덤빈다는 뜻.

🍒 하룻강아지 범 무서운 줄 모른다
🎵 아주 어리고 약한 자가 크고 힘센 사람에게 함부로 덤빈다는 말.

🍒 하인을 잘 두어야 양반 노릇도 한다
🎵 아랫 사람이 잘해야 윗사람도 할 일을 잘하게 된다는 말.

🍒 한강에 돌 던지기다
🎵 아무리 일을 해도 헛일 밖에 안 되는 어리석은 행동을 일컫는 말.

한날 한시에 난 손가락도 길고 짧다
🎵 손가락도 길고 짧은 것이 있듯이 이 세상에는 성격이나 능력, 특성이 똑같은 사람은 없다는 말.

한 부모는 열 자식을 거느려도 열 자식은 한 부모를 못돌본다
🎵 부모는 여러 자식을 챙길 수 있지만 자식은 여럿이서 한 부모를 섬기기 어렵다는 말.

한 푼 장사에 두 푼 밑져도 팔아야 장사
🎵 장사는 이익을 남겨야 정상이지만 때로는 나중을 위해서 손해를 보더라도 팔아야 한다는 말.

함흥차사
♪ 한 번 간 사람이 돌아오지 않을 때 쓰는 말.

헌 짚신도 짝이 있다
♪ 아무리 어렵고 가난한 사람도 다 제 짝이 있다는 말.

혀 밑에 도끼 들었다
♪ 말을 잘못하면 재앙을 받을 수 있으므로 항상 말을 조심하라는 뜻.

🍒 호랑이 굴에 들어가야 호랑이를 잡는다

🎵 뜻하는 성과를 얻으려면 반드시 그에 마땅한 일을 하고 기다려야 한다는 말.

🍒 호랑이에게 물려가도 정신만 차리면 산다

🎵 위험한 일에 부딪치더라도 정신만 바짝 차리면 일을 해결할 수 있다는 말.

🍒 혹 떼러 갔다가 혹 붙이고 온다

🎵 이익을 얻으러 갔다가 도리어 손해를 당하게 되었다는 말.

황금 천 냥이 자식 교육만 못 하다
♪ 막대한 유산을 남겨 주는 것보다도 자식 교육이 더 중요하다는 말.

흘러가는 물도 떠 주면 공이다
♪ 작은 일이라도 남을 도와 주면 받는 사람은 고맙게 여긴다는 말.

    속담풀이와 수수께끼는 흥미롭게 학습할 수 있는 매우 중요한 공부입니다.

    초등교과 과정을 총망라한 기초적인 학습을 수수께끼와 속담풀이를 공부하다 보면 자연스럽게 습득하게 됩니다. 또한 두뇌계발과 정서 함양이 매우 중요한 시기인 초등학생들에게 꼭 필요한 공부입니다.

    컴퓨터와 스마트폰 등의 발달로 대화가 실종되다시피한 시대에 우리의 사랑하는 아이들은 자신도 모르는 사이에 타인을 배려하지 않는 개인주의에 빠져들게 됩니다. 수수께끼와 속담풀이의 특징인 문답을 맞추어야 하는 대화의 과정은 위에 설명한 모든 것을 충족시킵니다.

    함께북스에서 출간된 '아리송해 수수께끼', '뜻이 깊은 속담풀이'는 초등교과 과정을 중심으로 엄선하여 이해하기 쉽도록 그림을 곁들어 재미있게 엮은 책입니다. 병행하여 공부하면 더욱 효과적입니다.

'뜻이 깊은 속담풀이'와 병행하여 공부하면 더욱 능률적인 '아리송해 수수께끼'는 초등교과 과정에 필요한 수수께끼를 엄선하여 편집하였습니다.

|아|리|송|해|
수수께끼

가기만 하고
돌아오지 않는 것은?
♬ 세월

개 가운데
가장 아름다운 개는?
♬ 무지개

|아|리|송|해| 수수께끼

남의 사연을 품 안에
간직한 것은?
♪ 우체통

눈으로 안 보고
입으로 보는 것은?
♪ 음식 맛

|아|리|송|해|
수수께끼

돈 주고 사서
금방 물에 적셔
버리는 옷은?
♪ 수영복

떡은 떡인데
입방아를 찧어야
만들 수 있는 떡은?
♪ 쑥떡쑥떡

|아|리|송|해|
수수께끼

말 없이
따라다니기만
하는 것은?
♬ 그림자

머리털로
일하는 것은?
♬ 붓
(붓은 털이 많은 부분을
머리라 하는데,
먹물을 묻혀 쓰는 것을 말한다.)

아리송해 수수께끼

방은 방인데,
사람이 못 들어
가는 방은?
♬ 가방

비가 오나 눈이 오나,
동구 밖에서
동네를 바라보고
서 있는 것은?
♬ 장승

|아|리|송|해|
수수께끼

사람이
즐겨 먹는 피는?
♪ 커피

세상에서
가장 예쁜 소는?
♪ 미소

|아|리|송|해|
수수께끼

재수 없을 때
받는 수술은?
♫ 재수술

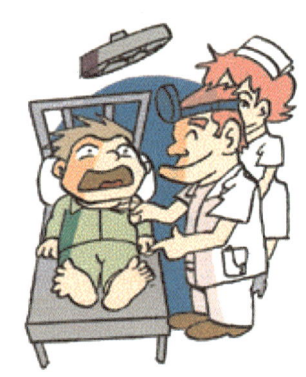

전쟁 중에 적에게
꼭 받고 싶은 복은?
♫ 항복

|아|리|송|해| 수수께끼

총을 쏠 때
왜 한쪽 눈을 감을까?
♬ 두 눈 다 감으면
   안 보이니까

천자문의 첫 글자와
둘째 글자의 차이는?
♬ 천지(天地)차이

|아|리|송|해|
수수께끼

호랑이에게 덤벼든
용감한 개 이름은?
♬ 하룻 강아지

한 구멍으로 들어가서
세 구멍으로
나오는 것은?
♬ 담배연기